憲法

れた魂

鉄筆編

鉄筆文庫　006

鉄筆

目次

日本国憲法

日本国憲法

施行　昭和二二年五月三日

朕《ちん》（天皇の自称）は、日本国民の総意に基いて、新日本建設の礎《いしずえ》が、定まるに至つ《っ》たことを、深くよろこび、枢密《すうみつ》顧問の諮詢《しじゅん》及び帝国憲法第七十三条による帝国議会の議決を経た帝国憲法の改正を裁可し、ここにこれを公布せしめる。

御名御璽《ぎょめいぎょじ》（天皇の名前と印章）

昭和二十一年十一月三日

内閣総理大臣兼
外務大臣　吉田茂

国務大臣　男爵　幣原喜重郎
司法大臣　木村篤太郎
内務大臣　大村清一
文部大臣　田中耕太郎
農林大臣　和田博雄
国務大臣　斎藤隆夫
逓信大臣　一松定吉
商工大臣　星島二郎
厚生大臣　河合良成
国務大臣　植原悦二郎
運輸大臣　平塚常次郎
大蔵大臣　石橋湛山
国務大臣　金森徳次郎
国務大臣　膳桂之助

日本国憲法　前文

日本国民は、正当に選挙された国会における代表者を通じて行動し、われらとわれらの子孫のために、諸国民との協和による成果と、わが国全土にわたつ《っ》て自由のもたらす恵沢《けいたく》を確保し、政府の行為によつ《っ》て再び戦争の惨禍《さんか》が起ることのないや《よ》うにすることを決意し、ここに主権が国民に存することを宣言し、この憲法を確定する。そもそも国政は、国民の厳粛な信託によるものであつ《っ》て、その権威は国民に由来し、その権力は国民の代表者がこれを行使し、その福利は国民がこれを享受する。これは人類普遍の原理であり、この憲法は、かかる原理に基くものである。われらは、これに反する一切の憲法、法令及び詔勅《しょうちょく》を排除する。

日本国民は、恒久の平和を念願し、人間相互の関係を支配する崇高な理想を深く自覚するのであつ《っ》て、平和を愛する諸国民の公正と信義に信頼して、われらの安全と生存を保持しようと決意した。われらは、平和を維持し、専制と隷従《れいじゅう》、圧迫と偏狭《へんきょう》を地上から永遠に除去しようと努めてゐ《い》る国際社会において、名誉ある地位を占めたいと思ふ《う》。われらは、全世界の国民が、ひとしく恐怖と欠乏から免《まぬ》かれ、平和のうちに生存する権利を有することを確認する。

われらは、いづ《ず》れの国家も、自国のことのみに専念して他国を無視してはならないのであつ《っ》て、政治道徳の法則は、普遍的なものであり、この法則に従ふ《う》ことは、自国の主権を維持し、他国と対等関係に立た《と》うとする各国の責務であると信ずる。

日本国民は、国家の名誉にかけ、全力をあげてこの崇高な理想と目的を達成することを誓ふ《う》。

第1章

天皇

第1条〔天皇の地位と主権在民〕
天皇は、日本国の象徴であり日本国民統合の象徴であつ《っ》て、この地位は、主権の存する日本国民の総意に基く。

第2条〔皇位の世襲〕
皇位は、世襲のものであつ《っ》て、国会の議決した皇室典範の定めるところにより、これを継承する。

第3条〔内閣の助言と承認及び責任〕
天皇の国事に関するすべての行為には、内閣の助言と承認を必要とし、内閣が、その責任を負ふ《う》。

第4条〔天皇の権能と権能行使の委任〕

1　天皇は、この憲法の定める国事に関する行為のみを行ひ《い》、国政に関する権能を有しない。

2　天皇は、法律の定めるところにより、その国事に関する行為を委任することができる。

第5条〔摂政〕

皇室典範の定めるところにより摂政を置くときは、摂政は、天皇の名でその国事に関する行為を行ふ《う》。この場合には、前条第一項の規定を準用する。

第6条〔天皇の任命行為〕
1 天皇は、国会の指名に基いて、内閣総理大臣を任命する。
2 天皇は、内閣の指名に基いて、最高裁判所の長たる裁判官を任命する。

第7条〔天皇の国事行為〕
天皇は、内閣の助言と承認により、国民のために、左の国事に関する行為を行ふ《う》。
一 憲法改正、法律、政令及び条約を公布すること。
二 国会を召集すること。
三 衆議院を解散すること。
四 国会議員の総選挙の施行を公示すること。

五　国務大臣及び法律の定めるその他の官吏《かんり》の任免並びに全権委任状及び大使及び公使の信任状を認証すること。
六　大赦、特赦、減刑、刑の執行の免除及び復権を認証すること。
七　栄典を授与すること。
八　批准書及び法律の定めるその他の外交文書を認証すること。
九　外国の大使及び公使を接受すること。
十　儀式を行ふ《う》こと。

第８条〔財産授受の制限〕
皇室に財産を譲り渡し、又は皇室が、財産を譲り受け、若《も》しくは賜与《しよ》することは、国会の議決に基かなければならない。

第2章

戦争の放棄

第9条〔戦争の放棄と戦力及び交戦権の否認〕

1 日本国民は、正義と秩序を基調とする国際平和を誠実に希求し、国権の発動たる戦争と、武力による威嚇《いかく》又は武力の行使は、国際紛争を解決する手段としては、永久にこれを放棄する。

2　前項の目的を達するため、陸海空軍その他の戦力は、これを保持しない。国の交戦権は、これを認めない。

第3章

国民の権利及び義務

第10条　〔国民たる要件〕

日本国民たる要件は、法律でこれを定める。

第11条　〔基本的人権〕

国民は、すべての基本的人権の享有を妨げられない。この憲法が国民に保障する基本的人権は、侵すことのできない永久の権利として、現在及び将来の国民に与へ《え》られる。

第12条　〔自由及び権利の保持義務と公共福祉性〕

この憲法が国民に保障する自由及び権利は、国民の不断の努力によつ《っ》て、これを保持しなければならない。又、国民は、これを濫用してはならないのであつ《っ》て、常に公共の福祉のためにこれを利用する責任を負ふ《う》。

第13条〔個人の尊重と公共の福祉〕すべて国民は、個人として尊重される。生命、自由及び幸福追求に対する国民の権利については、公共の福祉に反しない限り、立法その他の国政の上で、最大の尊重を必要とする。

第14条〔平等原則、貴族制度の否認及び栄典の限界〕

1　すべて国民は、法の下に平等であつ《っ》て、人種、信条、性別、社会的身分又は門地により、政治的、経済的又は社会的関係において、差別されない。

2　華族その他の貴族の制度は、これを認めない。

3　栄誉、勲章その他の栄典の授与は、いかなる特権も伴はない。栄典の授与は、現にこれを有し、又は将来これを受ける者の一代に限り、その効力を有する。

第15条〔公務員の選定罷免権、公務員の本質、普通選挙の保障及び投票秘密の保障〕

1　公務員を選定し、及びこれを罷免することは、国民固有の権利である。

2　すべて公務員は、全体の奉仕者であつて、一部の奉仕者ではない。

3　公務員の選挙については、成年者による普通選挙を保障する。

4　すべて選挙における投票の秘密は、これを侵してはならない。選挙人は、その選択に関し公的にも私的にも責任を問《わ》はれない。

第16条〔請願権〕何人《なんぴと》も、損害の救済、公務員の罷免、法律、命令又は規則の制定、廃止又は改正その他の事項に関し、平穏に請願する権利を有し、何人《なんぴと》も、かかる請願をしたためにいかなる差別待遇も受けない。

第17条〔公務員の不法行為による損害の賠償〕何人《なんぴと》も、公務員の不法行為により、損害を受けたときは、法律の定めるところにより、国又は公共団体に、その賠償を求めることができる。

第18条〔奴隷的拘束及び苦役の禁止〕何人《なんぴと》も、いかなる奴隷的拘束も受けない。又、犯罪に因る処罰の場合を除いては、その意に反する苦役に服させられない。

第19条〔思想及び良心の自由〕思想及び良心の自由は、これを侵してはならない。

第20条〔信教の自由〕1　信教の自由は、何人《なんぴと》に対してもこれを保障する。いかなる宗教団体も、国から特権を受け、又は政治上の権力を行使してはならない。

2　何人《なんぴと》も、宗教上の行為、祝典、儀式又は行事に参加することを強制されない。

3　国及びその機関は、宗教教育その他いかなる宗教的活動もしてはならない。

第21条〔集会、結社及び表現の自由と通信秘密の保護〕

1　集会、結社及び言論、出版その他一切の表現の自由は、これを保障する。

2　検閲は、これをしてはならない。通信の秘密は、これを侵してはならない。

第22条〔居住、移転、職業選択、外国移住及び国籍離脱の自由〕

1 何人《なんぴと》も、公共の福祉に反しない限り、居住、移転及び職業選択の自由を有する。

2 何人《なんぴと》も、外国に移住し、又は国籍を離脱する自由を侵されない。

第23条〔学問の自由〕

学問の自由は、これを保障する。

第24条〔家族関係における個人の尊厳と両性の平等〕

1 婚姻は、両性の合意のみに基いて成立し、夫婦が同等の権利を有することを基本として、相互の協力により、維持されなければならない。

2　配偶者の選択、財産権、相続、住居の選定、離婚並びに婚姻及び家族に関するその他の事項に関しては、法律は、個人の尊厳と両性の本質的平等に立脚して、制定されなければならない。

第25条

〔生存権及び国民生活の社会的進歩向上に努める国の義務〕

1　すべて国民は、健康で文化的な最低限度の生活を営む権利を有する。

2　国は、すべての生活部面について、社会福祉、社会保障及び公衆衛生の向上及び増進に努めなければならない。

第26条〔教育を受ける権利と受けさせる義務〕

1　すべて国民は、法律の定めるところにより、その能力に応じて、ひとしく教育を受ける権利を有する。

2　すべて国民は、法律の定めるところにより、その保護する子女に普通教育を受けさせる義務を負ふ《う》。義務教育は、これを無償とする。

第27条〔勤労の権利と義務、勤労条件の基準及び児童酷使の禁止〕

1　すべて国民は、勤労の権利を有し、義務を負ふ《う》。

2　賃金、就業時間、休息その他の勤労条件に関する基準は、法律でこれを定める。

3　児童は、これを酷使してはならない。

第28条〔勤労者の団結権及び団体行動権〕
勤労者の団結する権利及び団体交渉その他の団体行動をする権利は、これを保障する。

第29条〔財産権〕
１　財産権は、これを侵してはならない。
２　財産権の内容は、公共の福祉に適合するや《よ》うに、法律でこれを定める。
３　私有財産は、正当な補償の下に、これを公共のために用ひ《い》ることができる。

第30条〔納税の義務〕

国民は、法律の定めるところにより、納税の義務を負ふ《う》。

第31条〔生命及び自由の保障と科刑の制約〕

何人《なんぴと》も、法律の定める手続によらなければ、その生命若《も》しくは自由を奪は《わ》れ、又はその他の刑罰を科せられない。

第32条〔裁判を受ける権利〕

何人《なんぴと》も、裁判所において裁判を受ける権利を奪は《わ》れない。

第33条　〔逮捕の制約〕
何人《なんぴと》も、現行犯として逮捕される場合を除いては、権限を有する司法官憲が発し、且《か》つ理由となつ《っ》てゐ《い》る犯罪を明示する令状によらなければ、逮捕されない。

第34条　〔抑留及び拘禁の制約〕
何人《なんぴと》も、理由を直ちに告げられ、且《か》つ、直ちに弁護人に依頼する権利を与へ《え》られなければ、抑留又は拘禁されない。又、何人《なんぴと》も、正当な理由がなければ、拘禁されず、要求があれば、その理由は、直ちに本人及びその弁護人の出席する公開の法廷で示されなければならない。

第35条〔侵入、捜索及び押収の制約〕

1 何人《なんぴと》も、その住居、書類及び所持品について、侵入、捜索及び押収を受けることのない権利は、第三十三条の場合を除いては、正当な理由に基いて発せられ、且《か》つ捜索する場所及び押収する物を明示する令状がなければ、侵されない。

2 捜索又は押収は、権限を有する司法官憲が発する各別の令状により、これを行ふ《う》。

第36条〔拷問及び残虐な刑罰の禁止〕

公務員による拷問及び残虐な刑罰は、絶対にこれを禁ずる。

第37条〔刑事被告人の権利〕

1　すべて刑事事件においては、被告人は、公平な裁判所の迅速な公開裁判を受ける権利を有する。

2　刑事被告人は、すべての証人に対して審問する機会を充分に与《え》へられ、又、公費で自己のために強制的手続により証人を求める権利を有する。

3　刑事被告人は、いかなる場合にも、資格を有する弁護人を依頼することができる。被告人が自らこれを依頼することができないときは、国でこれを附する。

第38条〔自白強要の禁止と自白の証拠能力の限界〕

1　何人《なんぴと》も、自己に不利益な供述を強要されない。

2　強制、拷問若《も》しくは脅迫による自白又は不当に長く抑留若《も》しくは拘禁された後の自白は、これを証拠とすることができない。

3　何人《なんぴと》も、自己に不利益な唯一の証拠が本人の自白である場合には、有罪とされ、又は刑罰を科せられない。

第39条〔遡及《そきゅう》処罰、二重処罰等の禁止〕何人《なんぴと》も、実行の時に適法であつ《っ》た行為又は既に無罪とされた行為については、刑事上の責任を問は《わ》れない。又、同一の犯罪について、重ねて刑事上の責任を問は《わ》れない。

第40条〔刑事補償〕何人《なんぴと》も、抑留又は拘禁された後、無罪の裁判を受けたときは、法律の定めるところにより、国にその補償を求めることができる。

第4章

国会

第41条〔国会の地位〕国会は、国権の最高機関であつて、国の唯一の立法機関である。

第42条〔二院制〕国会は、衆議院及び参議院の両議院でこれを構成する。

第43条〔両議院の組織〕1 両議院は、全国民を代表する選挙された議員でこれを組織する。

2 両議院の議員の定数は、法律でこれを定める。

第44条〔議員及び選挙人の資格〕
両議院の議員及びその選挙人の資格は、法律でこれを定める。但し、人種、信条、性別、社会的身分、門地、教育、財産又は収入によつ《っ》て差別してはならない。

第45条〔衆議院議員の任期〕
衆議院議員の任期は、四年とする。但し、衆議院解散の場合には、その期間満了前に終了する。

第46条〔参議院議員の任期〕
参議院議員の任期は、六年とし、三年ごとに議員の半数を改選する。

第47条〔議員の選挙〕選挙区、投票の方法その他両議院の議員の選挙に関する事項は、法律でこれを定める。

第48条〔両議院議員相互兼職の禁止〕何人《なんぴと》も、同時に両議院の議員たることはできない。

第49条〔議員の歳費〕両議院の議員は、法律の定めるところにより、国庫から相当額の歳費を受ける。

第50条〔議員の不逮捕特権〕
両議院の議員は、法律の定める場合を除いては、国会の会期中逮捕されず、会期前に逮捕された議員は、その議院の要求があれば、会期中これを釈放しなければならない。

第51条〔議員の発言表決の無答責〕
両議院の議員は、議院で行《つ》つた演説、討論又は表決について、院外で責任を問《わ》はれない。

第52条〔常会〕国会の常会は、毎年一回これを召集する。

第53条〔臨時会〕内閣は、国会の臨時会の召集を決定することができる。いづ《ず》れかの議院の総議員の四分の一以上の要求があれば、内閣は、その召集を決定しなければならない。

第54条〔総選挙、特別会及び緊急集会〕

1　衆議院が解散されたときは、解散の日から四十日以内に、衆議院議員の総選挙を行ひ《い》、その選挙の日から三十日以内に、国会を召集しなければならない。

2　衆議院が解散されたときは、参議院は、同時に閉会となる。但し、内閣は、国に緊急の必要があるときは、参議院の緊急集会を求めることができる。

3　前項但書の緊急集会において採られた措置は、臨時のものであつ《っ》て、次の国会開会の後十日以内に、衆議院の同意がない場合には、その効力を失ふ《う》。

第55条

〔資格争訟《そうしょう》〕

両議院は、各々その議員の資格に関する争訟《そうしょう》を裁判する。但し、議員の議席を失は《わ》せるには、出席議員の三分の二以上の多数による議決を必要とする。

第56条〔議事の定足数と過半数議決〕

1 両議院は、各々その総議員の三分の一以上の出席がなければ、議事を開き議決することができない。

2 両議院の議事は、この憲法に特別の定のある場合を除いては、出席議員の過半数でこれを決し、可否同数のときは、議長の決するところによる。

第57条〔会議の公開と会議録〕

1 両議院の会議は、公開とする。但し、出席議員の三分の二以上の多数で議決したときは、秘密会を開くことができる。

2 両議院は、各々その会議の記録を保存し、秘密会の記録の中で特に秘密を要すると認められるもの以外は、これを公表し、且《か》つ一般に頒布しなければならない。

3　出席議員の五分の一以上の要求があれば、各議員の表決は、これを会議録に記載しなければならない。

第58条

〔役員の選任及び議院の自律権〕

1　両議院は、各々その議長その他の役員を選任する。

2　両議院は、各々その会議その他の手続及び内部の規律に関する規則を定め、又、院内の秩序をみだした議員を懲罰することができる。但し、議員を除名するには、出席議員の三分の二以上の多数による議決を必要とする。

第59条〔法律の成立〕

1　法律案は、この憲法に特別の定のある場合を除いては、両議院で可決したとき法律となる。

2　衆議院で可決し、参議院でこれと異なつた議決をした法律案は、衆議院で出席議員の三分の二以上の多数で再び可決したときは、法律となる。

3　前項の規定は、法律の定めるところにより、衆議院が、両議院の協議会を開くことを求めることを妨げない。

4　参議院が、衆議院の可決した法律案を受け取つた後、国会休会中の期間を除いて六十日以内に、議決しないときは、衆議院は、参議院がその法律案を否決したものとみなすことができる。

第60条〔衆議院の予算先議権及び予算の議決〕

1　予算は、さきに衆議院に提出しなければならない。

2　予算について、参議院で衆議院と異なつた議決をした場合に、法律の定めるところにより、両議院の協議会を開いても意見が一致しないとき、又は参議院が、衆議院の可決した予算を受け取つた後、国会休会中の期間を除いて三十日以内に、議決しないときは、衆議院の議決を国会の議決とする。

第61条〔条約締結の承認〕

条約の締結に必要な国会の承認については、前条第二項の規定を準用する。

第62条〔議院の国政調査権〕

両議院は、各々国政に関する調査を行ひ《い》、これに関して、証人の出頭及び証言並びに記録の提出を要求することができる。

第63条〔国務大臣の出席〕

内閣総理大臣その他の国務大臣は、両議院の一に議席を有すると有しないとにかかは《わ》らず、何時《いつ》でも議案について発言するため議院に出席することができる。又、答弁又は説明のため出席を求められたときは、出席しなければならない。

第64条〔弾劾裁判所〕

1 国会は、罷免の訴追を受けた裁判官を裁判するため、両

2　弾劾に関する事項は、法律でこれを定める。
議院の議員で組織する弾劾裁判所を設ける。

第5章

内閣

第65条〔行政権の帰属〕

行政権は、内閣に属する。

第66条〔内閣の組織と責任〕

1　内閣は、法律の定めるところにより、その首長たる内閣総理大臣およびその他の国務大臣でこれを組織する。

2　内閣総理大臣その他の国務大臣は、文民でなければならない。

3　内閣は、行政権の行使について、国会に対し連帯して責任を負ふ《う》。

第67条〔内閣総理大臣の指名〕

1　内閣総理大臣は、国会議員の中から国会の議決で、これを指名する。この指名は、他のすべての案件に先だつ《っ》て、これを行ふ《う》。

2　衆議院と参議院とが異なつ《っ》た指名の議決をした場合に、法律の定めるところにより、両議院の協議会を開いても意見が一致しないとき、又は衆議院が指名の議決をした後、国会休会中の期間を除いて十日以内に、参議院が、指名の議決をしないときは、衆議院の議決を国会の議決とする。

第68条〔国務大臣の任免〕

1　内閣総理大臣は、国務大臣を任命する。但し、その過半数は、国会議員の中から選ばれなければならない。

2　内閣総理大臣は、任意に国務大臣を罷免することができる。

第69条〔不信任決議と解散又は総辞職〕

内閣は、衆議院で不信任の決議案を可決し、又は信任の決議案を否決したときは、十日以内に衆議院が解散されない限り、総辞職をしなければならない。

第70条〔内閣総理大臣の欠缺《けんけつ》又は総選挙施行による総辞職〕

内閣総理大臣が欠けたとき、又は衆議院議員総選挙の後に初めて国会の召集があつ《っ》たときは、内閣は、総辞職をしなければならない。

第71条〔総辞職後の職務続行〕前二条の場合には、内閣は、あらたに内閣総理大臣が任命されるまで引き続きその職務を行ふ《う》。

第72条〔内閣総理大臣の職務権限〕内閣総理大臣は、内閣を代表して議案を国会に提出し、一般国務及び外交関係について国会に報告し、並びに行政各部を指揮監督する。

第73条〔内閣の職務権限〕

内閣は、他の一般行政事務の外、左の事務を行ふ《う》。

一　法律を誠実に執行し、国務を総理すること。

二　外交関係を処理すること。

三　条約を締結すること。但し、事前に、時宜《じぎ》によつ《っ》ては事後に、国会の承認を経ることを必要とする。

四　法律の定める基準に従ひ《い》、官吏《かんり》に関する事務を掌理すること。

五　予算を作成して国会に提出すること。

六　この憲法及び法律の規定を実施するために、政令を制定すること。但し、政令には、特にその法律の委任がある場合を除いては、罰則を設けることができない。

七　大赦、特赦、減刑、刑の執行の免除及び復権を決定すること。

第74条〔法律及び政令への署名と連署〕
法律及び政令には、すべて主任の国務大臣が署名し、内閣総理大臣が連署することを必要とする。

第75条〔国務大臣訴追の制約〕
国務大臣は、その在任中、内閣総理大臣の同意がなければ、訴追されない。但し、これがため、訴追の権利は、害されない。

第6章

司法

第76条 〔司法権の機関と裁判官の職務上の独立〕

1 すべて司法権は、最高裁判所及び法律の定めるところにより設置する下級裁判所に属する。

2 特別裁判所は、これを設置することができない。行政機関は、終審として裁判を行ふ《う》ことができない。

3 すべて裁判官は、その良心に従ひ《い》独立してその職権を行ひ《い》、この憲法及び法律にのみ拘束される。

第77条 〔最高裁判所の規則制定権〕

1 最高裁判所は、訴訟に関する手続、弁護士、裁判所の内部規律及び司法事務処理に関する事項について、規則を定める権限を有する。

2 検察官は、最高裁判所の定める規則に従は《わ》なければならない。

3　最高裁判所は、下級裁判所に関する規則を定める権限を、下級裁判所に委任することができる。

第78条　〔裁判官の身分の保障〕

裁判官は、裁判により、心身の故障のために職務を執ることができないと決定された場合を除いては、公の弾劾によらなければ罷免されない。裁判官の懲戒処分は、行政機関がこれを行ふ《う》ことはできない。

第79条　〔最高裁判所の構成及び裁判官任命の国民審査〕

1　最高裁判所は、その長たる裁判官及び法律の定める員数のその他の裁判官でこれを構成し、その長たる裁判官以外の裁判官は、内閣でこれを任命する。

2 最高裁判所の裁判官の任命は、その任命後初めて行は《わ》れる衆議院議員総選挙の際国民の審査に付し、その後十年を経過した後初めて行は《わ》れる衆議院議員総選挙の際更に審査に付し、その後も同様とする。

3 前項の場合において、投票者の多数が裁判官の罷免を可とするときは、その裁判官は、罷免される。

4 審査に関する事項は、法律でこれを定める。

5 最高裁判所の裁判官は、法律の定める年齢に達した時に退官する。

6 最高裁判所の裁判官は、すべて定期に相当額の報酬を受ける。この報酬は、在任中、これを減額することができない。

第80条〔下級裁判所の裁判官〕

1　下級裁判所の裁判官は、最高裁判所の指名した者の名簿によつ《っ》て、内閣でこれを任命する。その裁判官は、任期を十年とし、再任されることができる。但し、法律の定める年齢に達した時には退官する。

2　下級裁判所の裁判官は、すべて定期に相当額の報酬を受ける。この報酬は、在任中、これを減額することができない。

第81条〔最高裁判所の法令審査権〕

最高裁判所は、一切の法律、命令、規則又は処分が憲法に適合するかしないかを決定する権限を有する終審裁判所である。

第82条〔対審及び判決の公開〕

1　裁判の対審及び判決は、公開法廷でこれを行ふ《う》。

2　裁判所が、裁判官の全員一致で、公の秩序又は善良の風俗を害する虞《おそれ》があると決した場合には、対審は、公開しないでこれを行ふ《う》ことができる。但し、政治犯罪、出版に関する犯罪又はこの憲法第三章で保障する国民の権利が問題となつ《っ》てゐ《い》る事件の対審は、常にこれを公開しなければならない。

第7章

財政

第83条〔財政処理の要件〕
国の財政を処理する権限は、国会の議決に基いて、これを行使しなければならない。

第84条〔課税の要件〕
あらたに租税を課し、又は現行の租税を変更するには、法律又は法律の定める条件によることを必要とする。

第85条〔国費支出及び債務負担の要件〕
国費を支出し、又は国が債務を負担するには、国会の議決に基くことを必要とする。

第86条〔予算の作成〕内閣は、毎会計年度の予算を作成し、国会に提出して、その審議を受け議決を経なければならない。

第87条〔予備費〕

1　予見し難い予算の不足に充てるため、国会の議決に基いて予備費を設け、内閣の責任でこれを支出することができる。

2　すべて予備費の支出については、内閣は、事後に国会の承諾を得なければならない。

第88条〔皇室財産及び皇室費用〕
すべて皇室財産は、国に属する。すべて皇室の費用は、予算に計上して国会の議決を経なければならない。

第89条〔公の財産の用途制限〕
公金その他の公の財産は、宗教上の組織若《も》しくは団体の使用、便益若《も》しくは維持のため、又は公の支配に属しない慈善、教育若《も》しくは博愛の事業に対し、これを支出し、又はその利用に供してはならない。

第90条〔会計検査〕
1　国の収入支出の決算は、すべて毎年会計検査院がこれを検査し、内閣は、次の年度に、その検査報告とともに、これを国会に提出しなければならない。

2　会計検査院の組織及び権限は、法律でこれを定める。

第91条

〔財政状況の報告〕

内閣は、国会及び国民に対し、定期に、少くとも毎年一回、国の財政状況について報告しなければならない。

第8章

地方自治

第92条〔地方自治の本旨の確保〕地方公共団体の組織及び運営に関する事項は、地方自治の本旨に基いて、法律でこれを定める。

第93条〔地方公共団体の機関〕1　地方公共団体には、法律の定めるところにより、その議事機関として議会を設置する。

2　地方公共団体の長、その議会の議員及び法律の定めるその他の吏員《りいん》は、その地方公共団体の住民が、直接これを選挙する。

第94条〔地方公共団体の権能〕

地方公共団体は、その財産を管理し、事務を処理し、及び行政を執行する権能を有し、法律の範囲内で条例を制定することができる。

第95条〔一の地方公共団体のみに適用される特別法〕

一の地方公共団体のみに適用される特別法は、法律の定めるところにより、その地方公共団体の住民の投票においてその過半数の同意を得なければ、国会は、これを制定することができない。

第9章

改正

第96条〔憲法改正の発議、国民投票及び公布〕

1　この憲法の改正は、各議院の総議員の三分の二以上の賛成で、国会が、これを発議し、国民に提案してその承認を経なければならない。この承認には、特別の国民投票又は国会の定める選挙の際行《わ》れる投票において、その過半数の賛成を必要とする。

2　憲法改正について前項の承認を経たときは、天皇は、国民の名で、この憲法と一体を成すものとして、直ちにこれを公布する。

第10章

最高法規

第97条〔基本的人権の由来特質〕この憲法が日本国民に保障する基本的人権は、人類の多年にわたる自由獲得の努力の成果であつ《っ》て、これらの権利は、過去幾多の試錬に堪へ《え》、現在及び将来の国民に対し、侵すことのできない永久の権利として信託されたものである。

第98条〔憲法の最高性と条約及び国際法規の遵守〕

1 この憲法は、国の最高法規であつ《っ》て、その条規に反する法律、命令、詔勅《しょうちょく》及び国務に関するその他の行為の全部又は一部は、その効力を有しない。

2 日本国が締結した条約及び確立された国際法規は、これを誠実に遵守することを必要とする。

第99条

〔憲法尊重擁護の義務〕

天皇又は摂政及び国務大臣、国会議員、裁判官その他の公務員は、この憲法を尊重し擁護する義務を負ふ《う》。

第11章

補則

第100条〔施行期日と施行前の準備行為〕

1　この憲法は、公布の日から起算して六箇月《か》を経過した日〔昭和二二年五月三日〕から、これを施行する。

2　この憲法を施行するために必要な法律の制定、参議院議員の選挙及び国会召集の手続並びにこの憲法を施行するために必要な準備手続は、前項の期日よりも前に、これを行ふ《う》ことができる。

第101条〔参議院成立前の国会〕

この憲法施行の際、参議院がまだ成立してゐ《い》ないときは、その成立するまでの間、衆議院は、国会としての権限を行ふ《う》。

第102条　〔参議院議員の任期の経過的特例〕

この憲法による第一期の参議院議員のうち、その半数の者の任期は、これを三年とする。その議員は、法律の定めるところにより、これを定める。

第103条　〔公務員の地位に関する経過規定〕

この憲法施行の際現に在職する国務大臣、衆議院議員及び裁判官並びにその他の公務員で、その地位に相応する地位がこの憲法で認められてゐ《い》る者は、法律で特別の定をした場合を除いては、この憲法施行のため、当然にはその地位を失ふ《う》ことはない。但し、この憲法によつ《っ》て、後任者が選挙又は任命されたときは、当然その地位を失ふ《う》。

参考文献：国立公文書館デジタルアーカイブ・御署名原本「日本国憲法」
http://www.digital.archives.go.jp/
国立国会図書館ＨＰ日本国憲法の誕生▼憲法条文・重要文書『日本国憲法』
http://www.ndl.go.jp/constitution/
『日本国憲法』（小学館、童話屋、ハルキ文庫、宙出版）
『新装版　日本国憲法』（講談社学術文庫）
『ビギナーズ　日本国憲法』（角川ソフィア文庫）
『読むための日本国憲法』（東京新聞政治部編、文春文庫）
『口語訳　日本国憲法・大日本帝国憲法』（倉山創著、新人物文庫）
※一部の漢字にルビを加筆。一部に説明文を加筆

年表

付録1

1945年

7月26日　米英中が「ポツダム宣言」を発表。
8月15日　終戦の詔書を放送（玉音放送）。
8月30日　連合国最高司令官のマッカーサーが厚木に到着。
9月2日　東京湾の米戦艦ミズーリ上で重光葵《しげみつまもる》（外務大臣）らが降伏文書に調印。
10月4日　GHQが「自由の指令」を発令。マッカーサーが近衛《このえ》文麿《ふみまろ》（国務大臣）に憲法改正を示唆。
10月9日　東久迩宮稔彦《ひがしくにのみやなるひこ》内閣に代わり、幣原喜重郎《しではらきじゅうろう》内閣が成立。
10月11日　マッカーサーが幣原《しではら》首相に「憲法の自由主義化」を示唆。
10月25日　憲法問題調査委員会（松本委員会）が設置される。
11月22日　近衛《このえ》が「帝国憲法改正要綱」を天皇に奉答。
12月26日　憲法研究会が「憲法草案要綱」を発表。

1946年

1月1日　昭和天皇が「人間宣言」を行う。
2月1日　毎日新聞が「松本委員会試案」をスクープ。
2月3日　マッカーサーが3原則（象徴天皇制、戦争放棄、封建制度の廃止）を提示、民政局にGHQ草案の作成を指示。
2月8日　日本政府がGHQに「憲法改正要綱」を提出。
2月13日　GHQは要綱を拒否、日本側にGHQ草案を手渡す。
3月6日　日本政府、GHQとの協議に基づいた改正要綱を発表。
4月17日　日本政府がひらがな口語体の「憲法改正草案」を発表。
5月22日　第1次吉田茂内閣が成立。
6月20日　第90回帝国議会に改正案を提出。
11月3日　日本国憲法を公布。
12月1日　「憲法普及会」が組織される。

1947年

5月3日　日本国憲法を施行。

出典：国立国会図書館HP日本国憲法の誕生「年表」

※一部の漢字にルビを加筆。一部に説明文を加筆

ポツダム宣言

付録2

ポツダム宣言

米、英、支三国宣言（1945年7月26日「ポツダム」に於《おい》て）

一、吾等《われら》合衆国大統領、中華民国政府主席及《および》「グレート・ブリテン」国総理大臣は吾等《われら》の数億の国民を代表し協議の上、日本国に対し今次の戦争を終結するの機会を与ふ《う》ることに意見一致せり。

二、合衆国、英帝国及《および》中華民国の巨大なる陸、海、空軍は西方より自国の陸軍及《および》空軍に依《よ》る数倍の増強を受け日本国に対し最後的打撃を加ふ《う》るの態勢を整へ《え》たり。右軍事力は日本国が抵抗を終止するに至る迄《まで》同国に対し戦争を遂行するの一切の連合国の決意に依《よ》り支持せられ且《かつ》鼓舞せられ居《お》るものなり。

三、蹶起《けっき》せる世界の自由なる人民の力に対する「ドイツ」国の無益且《かつ》無意義なる抵抗の結果は日本国国民に対する先例を極めて明白に示すものなり。現在日本国に対し集結しつつある力は抵抗する「ナチス」に対し適用せられたる場合に於《おい》て全「ドイツ」国人民の土地、産業及《および》生活様式を必然的に荒廃に帰せしめたる力に比し測り知れざる程更《さら》に強大なるものなり。吾等《われら》の決意に支持せらるる吾等《われら》の軍事力の最高度の使用は日本国軍隊の不可避且《かつ》完全なる壊滅を意味すべく又同様必然的に日本国本土の完全なる破壊を意味すべし。

四、無分別なる打算に依《よ》り日本帝国を滅亡の淵に陥《おとしい》れたる我儘《わがまま》なる軍国主義的助言者に依《よ》り日本国が引続き統御せらるべきか又は理性の経路を日本国が履《ふ》むべきかを日本国が決意すべき時期は到来せり。

五、吾等《われら》の条件は左の如《ごと》し。

吾等《われら》は右条件より離脱することなかるべし。右に代る条件存在せず吾等《われら》は遅延を認むるを得ず。

六、吾等《われら》は無責任なる軍国主義が世界より駆逐《くちく》せらるるに至る迄《まで》は平和、安全及《および》正義の新秩序が生じ得ざることを主張するものなるを以《もっ》て日本国国民を欺瞞《ぎまん》し之《これ》をして世界征服の挙に出づるの過誤を犯さしめたる者の権力及《および》勢力は永久に除去せられざるべからず《ず》。

七、右の如《ごと》き新秩序が建設せられ且《かつ》日本国の戦争遂行能力が破砕せられたることの確証あるに至るまでは聯合《れんごう》国の指定すべき日本国領域内の諸地点は吾《われ》等《ら》の茲《ここ》に指示する基本的目的の達成を確保するため占領せらるべし。

八、「カイロ」宣言の条項は履行せらるべく又日本国の主権は本州、北海道、九州及《および》四国並《ならび》に吾等《われら》の決定する諸小島に局限せらるべし。

九、日本国軍隊は完全に武装を解除せられたる後《のち》各自の家庭に復帰し平和的且《かつ》生産的の生活を営むの機会を得しめらるべし。

十、吾等《われら》は日本人を民族として奴隷化せんとし又は国民として滅亡せしめんとするの意図を有するものに非《あら》ざるも、吾等《われら》の俘虜《ふりょ》を虐待せる者を含む一切の戦争犯罪人に対しては厳重なる処罰加《え》へらるべし。日本国政府は日本国国民の間に於《お》ける民主主義的傾向の復活強化に対する一切の障礙《しょうがい》を除去すべし。言論、宗教及《および》思想の自由並《ならび》に基本的人権の尊重は確立せらるべし。

十一、日本国は其《そ》の経済を支持し且《かつ》公正なる実物賠償の取立を可能ならしむるが如《ごと》き産業を維持することを許さるべし。但《ただ》し日本国をして戦争の為《ため》再軍備を為《な》すことを得しむるが如《ごと》き産業は此《こ》の限《かぎり》に在《あ》らず。右目的の為《ため》原料の入手（其《そ》の支配とは之《これ》を区別す）を許可さるべし。日本国は将来世界貿易関係への参加を許さるべし。

十二、前記諸目的が達成せられ且《かつ》日本国国民の自由に表明せる意思に従ひ平和《い》的傾向を有し且《かつ》責任ある政府が樹立せらるるに於《おい》ては聯合《れんごう》国の占領軍は直《ただち》に日本国より撤収せらるべし。

十三、吾等《われら》は日本国政府が直《ただち》に全日本国軍隊の無条件降伏を宣言し且《かつ》右行動に於《お》ける同政府の誠意に付《つき》適当且《かつ》充分なる保障を提供せんことを同政府に対し要求す。右以外の日本国の選択は迅速且《かつ》完全なる壊滅あるのみとす。

出典：国立国会図書館HP日本国憲法の誕生▼憲法条文・重要文書「ポツダム宣言」
（出典：外務省編『日本外交年表並主要文書』下巻1966年刊）
※仮名遣いを平仮名表記に変更し句読点を追加。一部の漢字にルビを加筆

ポツダム宣言　英文

Potsdam Declaration

Proclamation Defining Terms for Japanese Surrender

Issued at Potsdam, July 26, 1945

(1) We—the President of the United States, the President of the National Government of the Republic of China, and the Prime Minister of Great Britain, representing the hundreds of millions of our countrymen, have conferred and agree that Japan shall be given an opportunity to end this war.

(2) The prodigious land, sea and air forces of the United States, the British Empire and of China, many times reinforced by their armies and air fleets from the west, are poised to strike the final blows upon Japan. This military power is sustained and inspired by the determination of all the Allied Nations to prosecute the war against Japan until she ceases to resist.

(3) The result of the futile and senseless German resistance to the might of the aroused free peoples of the world stands forth in awful clarity as an example to the people of Japan. The might that now converges on Japan is immeasurably greater than that which, when applied to the resisting Nazis, necessarily laid waste to the lands, the industry and the method of life of the whole German people. The full

application of our military power, backed by our resolve, will mean the inevitable and complete destruction of the Japanese armed forces and just as inevitably the utter devastation of the Japanese homeland.

(4) The time has come for Japan to decide whether she will continue to be controlled by those self-willed militaristic advisers whose unintelligent calculations have brought the Empire of Japan to the threshold of annihilation, or whether she will follow the path of reason.

(5) Following are our terms. We will not deviate from them. There are no alternatives. We shall brook no delay.

(6) There must be eliminated for all time the authority and influence of those who have deceived and misled the people of Japan into embarking on world conquest, for we insist that a new order of peace, security and justice will be impossible until irresponsible militarism is driven from the world.

(7) Until such a new order is established and until there is convincing proof that Japan's war-making power is destroyed, points in Japanese territory to be designated by the Allies shall be occupied to secure the achievement of the basic objectives we are here setting forth.

(8) The terms of the Cairo Declaration shall be carried out and Japanese sovereignty shall be limited to the islands of

Honshu, Hokkaido, Kyushu, Shikoku and such minor islands as we determine.

(9) The Japanese military forces, after being completely disarmed, shall be permitted to return to their homes with the opportunity to lead peaceful and productive lives.

(10) We do not intend that the Japanese shall be enslaved as a race or destroyed as a nation, but stern justice shall be meted out to all war criminals, including those who have visited cruelties upon our prisoners. The Japanese Government shall remove all obstacles to the revival and strengthening of democratic tendencies among the Japanese people. Freedom of speech, of religion, and of thought, as well as respect for the fundamental human rights shall be established.

(11) Japan shall be permitted to maintain such industries as will sustain her economy and permit the exaction of just reparations in kind, but not those which would enable her to re-arm for war. To this end, access to, as distinguished from control of, raw materials shall be permitted. Eventual Japanese participation in world trade relations shall be permitted.

(12) The occupying forces of the Allies shall be withdrawn from Japan as soon as these objectives have been accomplished and there has been established in accordance

with the freely expressed will of the Japanese people a peacefully inclined and responsible government.

(13) We call upon the government of Japan to proclaim now the unconditional surrender of all Japanese armed forces, and to provide proper and adequate assurances of their good faith in such action. The alternative for Japan is prompt and utter destruction.

出典：外務省特別資料課編『日本占領及び管理重要文書集』
第1巻、1949年8月10日

付録3

非核三原則

外務省　軍縮・不拡散

非核三原則

核は保有しない、
核は製造もしない、
核を持ち込まない
というこの核に対する三原則、
その平和憲法のもと、この核に対する三原則のもと、
そのもとにおいて日本の安全はどうしたらいいのか、
これが私に課せられた責任でございます。

（衆議院予算委員会における佐藤（栄作）総理答弁（1967年12月11日））

我が国政府が非核三原則に関する表明を行った例

（参考）非核三原則に関する国会決議

1. 非核兵器ならびに沖縄米軍基地縮小に関する衆議院決議（1971年11月24日）

○政府は、核兵器を持たず、作らず、持ち込まさずの非核三原則を遵守するとともに、沖縄返還時に適切なる手段をもって、核が沖縄に存在しないこと、ならびに返還後も核を持ち込ませないことを明らかにする措置をとるべきである。

（略）

2. 核兵器不拡散条約採決後に衆議院外務委員会において採択された決議（1976年4月27日）

核兵器の不拡散条約の批准に関し、核拡散の危機的状況にかんがみ、政府は、左の事項につき誠実に努力すべきである。

(1) 政府は、核兵器を持たず、作らず、持ち込まさずとの非核三原則が国是として確立されていることにかんがみ、いかなる場合においても、これを忠実に履行すること。

(2) 非核兵器国の安全保障の確保のため、すべての核兵器国は非核兵器国に対し、国連憲章に従って、核兵器等による武力の威嚇または武力の行使を行わざるよう我が国は、あらゆる国際的な場において強く訴えること。

(3) （イ） 唯一の被爆国として、いかなる核実験にも反対の立場を堅持する我が国は、地下核実験を含めた包括的核実験禁止を訴えるため、今後とも一層の外交的努力を続けること。

（ロ）我が国は、すべての核兵器国に対し、核兵器の全廃を目指し、核軍備の削減、縮小のため誠実に努力するよう訴えること。

(4) 我が国の原子力の平和利用の前提条件として安全性の確保に万全に期し、政府は、自主、民主、公開の原則にたち、原子力の平和利用の研究、開発及び査察の国内体制の速やかな整備をするとともに、核燃料供給の安定的確保に努めること。

(5) 世界の平和維持に非核化地帯構想が重要な意義を有していることにかんがみ、我が国はこの為に国際的な努力をすること。

※なお、上記決議採択後に行われた宮沢（喜一）外務大臣発言は次のとおり。ただいま核兵器の不拡散に関する条約につき、本外務委員会の御承認をいただきましたことを厚くお礼を申し上げます。

この条約の審議に当たりまして、長い間あらゆる角度から御熱心な議論を尽くされました各位の御努力に対しまして敬意を表したいと存じます。

ただいま採択されました御決議につきましては、政府としては、本件決議が委員会の全会一致をもって可決されたことを十分に踏まえて施策を講じてまいるべく最善の努力を払う決心でございます。

3. 核兵器不拡散条約採決後に参議院外務委員会において採択された決議（1976年5月21日）

核拡散の危機的状況にかんがみ、核兵器不拡散条約の批准に当たり、政府は、左の事項につき誠実に努力すべきである。

(1) 核兵器を持たず、作らず、持ち込ませずとの非核三原則が国是として確立されていることにかんがみ、いかなる場合においても、これを忠実に遵守すること。

(2)　すべての核兵器国に対し、核兵器の全廃を目指し、核軍備の削減・縮小のため誠実に努力するよう訴えること。

(3)　唯一の被爆国として、いかなる核実験にも反対の立場を堅持する我が国は、地下核実験を含めた包括的核実験禁止を実現するため、一層、努力すること。

(4)　非核兵器国の安全保障の確保のため、すべての核兵器国は非核兵器国に対し、国連憲章に従って、核兵器等による武力の威嚇または武力の行使を行わざるよう、国際連合、ジュネーヴ軍縮委員会その他のあらゆる国際的な場において強く訴えること。

(5)　世界の平和維持に非核化地帯構想が重要な意義を有していることにかんがみ、このために国際的な努力をすること。

(6)　原子力の利用については、自主、民主、公開の原則を堅持し、安全性の確保に万全を期し、研究、開発並び査察の国内体制を速やかに整備し、核燃料の供給の安全確保に努めること。

右決議する。

4. 国際連合軍縮特別総会に関する第84国会・衆議院本会議決議（1978年5月23日）

広島、長崎に原爆が投下され、早くも33年を経過し、この間、あらゆる機会を通じ核兵器の廃絶を強く希望する日本国民の悲願にもかかわらず、現実には核兵器を中心するはてしない軍拡競争が展開されている。このような国際情勢の中で、本年5月国際連合軍縮特別総会が開催されることは意義深いものであり、この際、本院は、政府が左の事項につき誠実に努力するよう要請する。

○人類共通の崇高な目標である世界の恒久平和と安全に到達するために全面完全軍縮をめざしつつ、総会において核兵器の窮極的廃絶、生物、化学兵器の禁止について、それが早急に実現するよう強く訴えること。

○唯一の被爆国であり、非核三原則を国是として堅持する我が国は、特に核兵器不拡散条約を真に実効あらしめるために、すべての核兵器国に対し、地下核実験を含めた包括的核実験禁止条約の早期締結及び核兵器の削減並びに核兵器が二度と使われないよう要請するとともに同条約未加盟国について強く訴えること。

○非核武装地帯構想が、世界の平和の維持に重要な意義を有していることにかんがみ、適切な条件の整っている地域から漸次世界の各地域に非核武装地帯の設置が実現するよう国際的努力をするとともに、同地帯に核保有国による核攻撃が行われない保証をとりつけること。

○際限のない軍備の増強は、現在の国際社会が看過し得ない問題であるため、通常兵器の国際的移転の規制、軍事費の削減を各国に強く訴えること。

右決議する。

5. 核軍縮に関する衆議院外務委員会決議（1981年6月5日）

昨今、世界において核兵器の増強及び拡散の動向が強まっていることに鑑み、政府は、左記の事項について努力すべきである。

記

唯一の被爆国として、持たず、造らず、持込ませずの非核三原則を国是としている我が国は、核不拡散条約をより有効的に意義あるものとし、核兵器拡散のおそれを除去するための最善の努力をすべきである。

国連をはじめ、その他の国際会議等において、わが国の軍縮に対する態度をより一層明確にし、核廃絶のために貢献すべきである。

右決議する。

6. 第2回国際連合軍縮特別総会に関する衆議院本会議決議（1982年5月27日）及び参議院本会議決議（1982年5月28日）

核軍縮を中心とする世界の軍縮の促進は、恒久の平和を願い非核三原則を国是として堅持する我が国国民の一致した願望であり、真の平和と安全を希求する諸国民の共通した念願でもある。

かかる諸国民の共通の悲願にもかかわらず、現下の国際情勢は極めて厳しく、核兵器、通常兵器の区別なくはてしない軍備拡張が行われ、特に、限定・全面核戦争を問わず、核兵器は人類の生存に最も深刻な脅威を与えており、広島、長崎の惨禍が再び繰り返されないよう、核兵器の廃絶を求める声が近時世界各地に急速に広がっている。

このような国際情勢の中で、本年6月第2回国際連合軍縮特別総会が開催され世界的規模で軍縮問題が討議されることは、誠に意義深いものがある。

この際、本院は、この総会において軍縮を一層促進させるため、政府が左の事項につき誠実に努力するよう要請する。

(1) 人類共通の崇高な目標である世界の恒久平和と安全に到達するため、被爆国日本国民の悲願である核兵器の廃絶を求め、すべての核兵器保有国に対し全面完全軍縮の一環として、核兵器の製造、実験、貯蔵、使用の禁止をめざし、特に、核兵器が二度と使われることのないよう実効ある国際的措置をとることを強く訴えること。

(2) 核兵器拡散防止の緊要性にかんがみ、中国、フランスをはじめとする核兵器不拡散条約未加盟国に対し、同条約への加盟を強く訴えること。

(3) 米ソをはじめとするすべての核兵器国に対し、核軍縮を軍縮分野の最優先課題とし、地下核実験を含む核実験全面禁止条約の早期実現を強く訴えるとともに、部分核実験禁止条約未加盟国に対し、同条約への加盟を訴えること。

(4) 非核武装地帯構想が、世界の平和の維持に重要な意義を有していることにかんがみ、適切な条件の整っている地域から漸次世界の各地域に非核武装地帯の設置が実現するよう国際的努力をするとともに、同地帯に核保有国による核攻撃が行われない保証をとりつけること。

(5) 国際人道法に反する化学兵器等の使用、開発、生産及び貯蔵の禁止並びに廃棄のための国際条約が早期に実現するよう強く訴えること。

(6) 際限のない軍備の増強は、現在の国際社会が看過し得ない問題であるため、通常兵器の国際移転の規制、軍事費の削減の必要性を各国に強く訴えるとともに、その結果生じた余力を開発援助を含め広く世界の経済的社会的発展に活用するよう強く訴えること。

右決議する。

出典：外務省ＨＰ「軍縮・不拡散」非核三原則
※一部に説明文を加筆

付録4

武器輸出三原則等

外務省　軍縮・不拡散

武器輸出三原則等

1. 武器輸出三原則（1967年4月21日）

武器輸出三原則とは、次の三つの場合には武器輸出を認めないという政策をいう。

(1) 共産圏諸国向けの場合
(2) 国連決議により武器等の輸出が禁止されている国向けの場合
(3) 国際紛争の当事国又はそのおそれのある国向けの場合

［佐藤（栄作）総理が衆院決算委（1967年4月21日）における答弁で表明］

2. 武器輸出に関する政府統一見解（1976年2月27日）

「武器」の輸出については、平和国家としての我が国の立場から、それによって国際紛争等を助長することを回避するため、政府としては、従来から慎重に対処しており、今後とも、次の方針により処理するものとし、その輸出を促進することはしない。

(1) 三原則対象地域については「武器」の輸出を認めない。
(2) 三原則対象地域以外の地域については、憲法及び外国為替及び外国貿易管理法の精神にのっとり、「武器」の輸出を慎むものとする。
(3) 武器製造関連設備の輸出については、「武器」に準じて取り扱うものとする。

［三木（武夫）総理が衆院予算委（1976年2月27日）における答弁において「武器輸出に関する政府統一見解」として表明］

（注）わが国の武器輸出政策として引用する場合、通常、「武器輸出三原則」（上記1.）と「武器輸出に関する政府統一見解」（上記2.）を総称して「武器輸出三原則等」と呼ぶことが多い。

出典：外務省ＨＰ「軍縮・不拡散」武器輸出三原則等
※一部に説明文を加筆

付録5

幣原《しではら》先生から聴取した戦争放棄条項等の生まれた事情について

幣原喜重郎　しではらきじゅうろう　1872年大阪府生まれ。東京帝国大学英法科卒。外務省に入り1919年駐米特命全権大使。21年ワシントン会議に全権委員として出席。24年加藤高明内閣で外務大臣就任、4度の外務大臣を歴任。国際協調、恒久平和、共存共栄、対支不干渉の四原則に貫かれた「幣原外交」は親英米政策をとった。軍国主義が台頭し始めるとその平和外交は「軟弱外交」と称されるようになる。31年満州事変勃発により退陣。終戦後、昭和天皇の命により、45年10月6日に首相就任。新憲法制定に携わる。その後、進歩党総裁、民主自由党に移り衆議院議長を務める。51年死去。

平野三郎　ひらのさぶろう　1912年岐阜県生まれ。衆議院議長だった幣原の秘書官を努めた。49年から5期連続衆議院議員、66年から岐阜県知事を3期歴任。64年2月、『幣原先生から聴取した戦争放棄条項等の生まれた事情について』と題する報告書を憲法調査会に提出。94年死去。

昭和三十九年二月

幣原《しではら》先生から聴取した戦争放棄条項等の生まれた事情について

—平野三郎氏記—

憲法調査会事務局

はしがき

この資料は、元衆議院議員平野三郎氏が、故幣原《しではら》喜《き》重郎《じゅうろう》氏から聴取した、戦争放棄条項等の生まれた事情を記したものを、当調査会事務局において印刷に付したものである。

なお、この資料は、第一部・第二部に分かれているが、第一部・第二部それぞれの性格については、平野氏の付されたまえがきを参照されたい。

昭和三十九年二月

憲法調査会事務局

第一部

私が幣原《しではら》先生から憲法についてお話を伺ったのは、昭和二十六年二月下旬である。同年三月十日、先生が急逝される旬日《じゅんじつ》（十日）ほど前のことであった。場所は世田谷区岡本町の幣原《しではら》邸であり、時間は二時間ぐらいであった。

側近にあった私は、常に謦咳《けいがい》（尊敬する人の話を身近に聞くこと）にふれる機会はあったが、まとまったお話を承《うけたまわ》ったのは当日だけであり、当日は、私が戦争放棄条項や天皇の地位について日頃疑問に思っていた点を中心にお尋ねし、これについて幣原《しではら》先生にお答え願ったのである。

その内容については、その後間もなくメモを作成したのであるが、以下は、そのメモのうち、これらの条項の生まれた事情に関する部分を整理したものである。

なお、当日の幣原《しではら》先生のお話の内拘（内容）については、このメモにもあるように、幣原《しではら》先生から口外しないようにいわれたのであるが、昨今の憲法制定の経緯に関する論議の状況にかんがみてあえて公《おおやけ》にすることにしたのである。

問　かねがね先生にお尋ねしたいと思っていましたが、幸い今日はお閑《ひま》のようですから是非うけたまわり度《た》いと存じます。

実は憲法のことですが、私には第九条の意味がよく分りません。あれは現在占領下の暫定的な規定ですか、それなら了解できますが、そうすると何《いず》れ独立の暁《あかつき》には当然憲法の再改正をすることになる訳ですか。

答　いや、そうではない。あれは一時的なものではなく、長い間僕が考えた末の最終的な結論というようなものだ。

問　そうしますと一体どういうことになるのですか。軍隊のない丸裸のところへ敵が攻めてきたら、どうするという訳なのですか。

答 それは死中に活だよ。一口に言えばそういうことになる。

問 死中に活と言いますと……

答 たしかに今までの常識ではこれはおかしいことだ。しかし原子爆弾というものが出来た以上、世界の事情は根本的に変って終《しま》ったと僕は思う。何故《なぜ》ならこの兵器は今後更《さら》に幾十倍幾百倍と発達するだろうからだ。恐《おそ》らく次の戦争は短時間のうちに交戦国の大小都市が悉《ことごと》く灰燼《かいじん》に帰して終《しま》うことになるだろう。そうなれば世界は真剣に戦争をやめることを考えなければならない。そして戦争をやめるには武器を持たないことが一番の保証になる。

問 しかし日本だけがやめても仕様がないのではありませんか。

答 そうだ。世界中がやめなければ、ほんとうの平和は実現できない。しかし実際問題として世界中が武器を持たないという真空状態を考えることはできない。

それについては僕の考えを少し話さなければならないが、僕は世界は結局一つにならなければならないと思う。つまり世界政府だ。世界政府と言っても、凡《すべ》ての国がその主権を捨てて一つの政府の傘下に集るようなことは空想だろう。だが何らかの形に於《お》ける世界の連合方式というものが絶対に必要になる。何故《なぜ》なら、世界政府とまでは行かなくとも、少くも各国の交戦権を制限し得る集中した武力がなければ世界の平和は保たれないからである。凡《およ》そ人間と人間、国家と国家の間の紛争は最後は腕づくで解決する外《ほか》はないのだから、どうしても武力は必要である。しかしその武力は一個に統一されなければならない。二個以上の武力が存在し、その間に争いが発生する場合、一応は平和的交渉が行われるが、交渉の背後に武力が控えている以上、結局は武力が行使されるか、少なくとも武力が威嚇《いかく》手段として行使される。したがって勝利を得んがためには、武力を強化しなければならなくなり、かくて二個以上の武力間には無限の軍拡競争が展開され遂に武力衝突を引き起す。すなわち戦争をなくするための基本的条件は武力の統一であって、例えば或《あ》る協定の下で軍縮が達成され、その協定を有効ならしむるために必要な国々が進んで且《か》つ誠意をもってそれに参加している状態、この条件の下で各国の軍備が国内治安を保つに必要な警察力の程度にまで縮小され、国際的に管理された武力が存在し、それに反対して結束するかも知れない如何《いか》なる武力の組み合せよりも強力である、というような世界である。

そういう世界は歴史上存在している。ローマ帝国などもそうであったが、何より記録的な世界政府を作った者は日本である。徳川家康が開いた三百年の単一政府がそれである。この例は平和を維持する唯一の手段が武力の統一であることを示している。

要するに世界平和を可能にする姿は、何らかの国際的機関がやがて世界同盟とでも言うべきものに発展し、その同盟が国際的に統一された武力を所有して世界警察としての行為を行なう外《ほか》はない。このことは理論的には昔から分っていたことであるが、今まではやれなかった。しかし原子爆弾というものが出現した以上、いよいよこの理論を現実に移す秋《とき》がきたと僕は信じた訳だ。

問　それは誠に結構な理想ですが、そのような大問題は大国同志が国際的に話し合って決めることで、日本のような敗戦国がそんな偉そうなことを言ってみたところでどうにもならぬのではないですか。

答　そこだよ、君。負けた国が負けたからそういうことを言うと人は言うだろう。君の言う通り、正《まさ》にそうだ。しかし負けた日本だからこそ出来ることなのだ。

恐《おそ》らく世界にはもう大戦争はあるまい。勿論《もちろん》、戦争の危険は今後むしろ増大すると思われるが、原子爆弾という異常に発達した武器が、戦争そのものを抑制するからである。第二次大戦が人類が全滅を避けて戦うことのできた最後の機会になると僕は思う。如何《いか》に各国がその権利の発展を理想として叫び合ったところで、第三次大戦が相互の破滅を意味するならば、いかなる理想主義も人類の生存には優先しないことを各国とも理解するからである。

したがって各国はそれぞれ世界同盟の中へ溶け込む外《ほか》はないが、そこで問題はどのような方法と時間を通じて世界がその最後の理想に到達するかということにある。人類は有史以来最大の危機を通過する訳だが、その間どんな事が起るか、それはほとんど予想できない難しい問題だが、唯《ただ》一つ断言できることは、その成否は一（偏《ひとえ》）に軍縮にかかっているということだ。若《も》しも有効な軍縮協定ができなければ戦争は必然に起るだろう。既に言った通り、軍拡競争というものは際限のない悪循環を繰り返すからだ。常に相手より少しでも優越した状態に已れを位置しない限り安心できない。この心理は果てしなく拡がって行き何時《いつ》かは破綻が起る。すなわち協定なき世界は静かな戦争という状態であり、それは嵐の前の静けさでしかなく、その静けさがどれだけ持ちこたえるかは結局時間の問題に過ぎないと言う恐るべき不安状態の連続になるのである。

そこで軍縮は可能か、どのようにして軍縮をするかということだが、僕は軍縮の困難さを身をもって体験してきた。世の中に軍縮ほど難しいものはない。交渉に当る者に与えられる任務は如何《いか》にして相手を偽瞞（欺瞞《ぎまん》）するかにある。国家というものは極端なエゴイストであって、そのエゴイズムが最も狡猾《こうかつ》で悪らつな狐狸《こり》となることを交渉者に要求する。虚々実々千変万化《せんぺんばんか》、軍縮会議に展開される交渉の舞台裏を覗きみるなら、何人《なんぴと》も戦慄を禁じ得ないだろう。軍縮交渉とは形を変えた戦争である。平和の名をもってする別個の戦争であって、円満な合意に達する可能性などは初めからないものなのだ。

原子爆弾が登場した以上、次の戦争が何を意味するか、各国とも分るから、軍縮交渉は行われるだろう。だが交渉の行われている合間にも各国はその兵器の増強に狂奔《きょうほん》するだろう。むしろ軍縮交渉は合法的スパイ活動の場面として利用される程である。不信と猜疑《さいぎ》がなくならない限り、それは止《や》むを得ないことであって、連鎖反応は連鎖反応を生み、原子爆弾は世界中に拡がり、終りには大変なことになり、遂には身動きもできないような瀬戸際に追いつめられるだろう。

そのような瀬戸際に追いつめられても各国はなお異口同音に言うだろう。

軍拡競争は一刻も早く止めなければならぬ。それは分っている。分ってはいるがどうしたらいいのだ。自衛のためには力が必要だ。相手がやることは自分もやらねばならぬ。相手が持つものは自分も持たねばならぬ。その結果がどうなるか。そんなことは分らない。自分だけではない。誰にも分らないことである。とにかく自分は自分の言うべきことを言っているより仕方はないのだ。責任は自分にはない。どんなことが起ろうと、責任は凡《すべ》て相手方にあるのだ。

果てしない堂々巡りである。誰にも手のつけられないどうしようもないことである。集団自殺の先陣争いと知りつつも、一歩でも前へ出ずにはいられない鼠《ねずみ》の大群と似た光景――それが軍拡競争の果ての姿であろう。唯《ただ》もし軍縮を要するに軍縮は不可能である。絶望とはこのことであろう。唯もし軍縮を可能にする方法があるとすれば一つだけ道がある。それは世界が一せいに一切の軍備を廃止することである。

一、二、三の掛声もろとも凡《すべ》ての国が兵器を海に投ずるならば、忽《たちま》ち軍縮は完成するだろう。勿論《もちろん》不可能である。それが不可能なら不可能なのだ。

ここまで考えを進めてきた時に、第九条というものが思い浮んだのである。そうだ。もし誰かが自発的に武器を捨てるとしたら――

最初それは脳裏をかすめたひらめきのようなものだった。次の瞬間、直《す》ぐ僕は思い直した。自分は何を考えようとしているのだ。相手はピストルを持っている。その前に裸のからだをさらそうと言う。何と言う馬鹿げたことだ。恐ろしいことだ。自分はどうかしたのではないか。若《も》しこんなことを人前で言ったら、幣原《しではら》は気が狂ったと言われるだろう。正《まさ》に狂気の沙汰である。

しかしそのひらめきは僕の頭の中でとまらなかった。どう考えてみても、これは誰かがやらなければならないことである。恐《おそ》らくあのとき僕を決心させたものは僕の一生のさまざまな体験ではなかったかと思う。何のために戦争に反対し、何のために命を賭けて平和を守ろうとしてきたのか。今だ。今こそ平和だ。今こそ平和のために起つ秋《とき》ではないか。そのために生きてきたのではなかったか。そして僕は平和の鍵を握っていたのだ。何か僕は天命をさずかったような気がしていた。

非武装宣言ということは、従来の観念からすれば全《まった》く狂気の沙汰である。だが今では正気の沙汰とは何かということである。武装宣言が正気の沙汰か。それこそ狂気の沙汰だという結論は、考えに考え抜いた結果もう出ている。

要するに世界は今一人の狂人を必要としているということである。何人かが自ら買って出て狂人とならない限り、世界は軍拡競争の蟻《あり》地獄から抜け出すことができないのである。これは素晴らしい狂人である。世界史の扉を開く狂人である。その歴史的使命を日本が果すのだ。

日本民族は幾世紀もの間戦争に勝ち続け、最も戦斗《せんとう》的に戦いを追求する神の民族と信じてきた。神の信条は武力である。その神は今や一挙に下界に墜落した訳だが、僕は第九条によって日本民族は依然として神の民族だと思う。何故《なぜ》なら武力は神でなくなったからである。神でないばかりか、原子爆弾という武力は悪魔である。日本人はその悪魔を投げ捨てることに依《よっ》て再び神の民族になるのだ。すなわち日本はこの神の声を世界に宣言するのだ。それが歴史の大道である。悠々とこの大道を行けばよい。死中に活というのはその意味である。

問　お話の通りやがて世界はそうなると思いますが、それは遠い将来のことでしょう。しかしその日が来るまではどうする訳ですか。目下《もっか》の処《ところ》は差当《さしあた》り問題ないとしても、他日独立した場合、敵が口実を設けて侵略してきたらです。

答　その場合でもこの精神を貫くべきだと僕は信じている。そうでなければ今までの戦争の歴史を繰り返すだけである。然《しか》も次の戦争は今までとは訳が違う。

僕は第九条を堅持することが日本の安全のためにも必要だと思う。勿論《もちろん》軍隊を持たないと言っても警察は別である。警察のない社会は考えられない。殊《こと》に世界の一員として将来世界警察への分担責任は当然負わなければならない。しかし強大な武力と対抗する陸海空軍というものは有害無益だ。僕は我国の自衛は徹頭徹尾正義の力でなければならないと思う。その正義とは日本だけの主観的な独断ではなく、世界の公平な与論に依《よ》って裏付けされたものでなければならない。そうした与論が国際的に形成されるように必ずなるだろう。何故《なぜ》なら世界の秩序を維持する必要があるからである。若《も》し或《あ》る国が日本を侵略しようとする。そのことが世界の秩序を破壊する恐れがあるとすれば、それに依《よっ》て脅威を受ける第三国は黙ってはいない。その第三国との特定の保護条約の有無にかかわらず、その第三国は当然日本の安全のために必要な努力をするだろう。要するにこれからは世界的視野に立った外交の力に依《よっ》て我国の安全を護《まも》るべきで、だからこそ死中に活があるという訳だ。

問　よく分りました。そうしますと憲法は先生の独自の御判断で出来たものですか。一般に信じられているところは、マッカーサー元帥《げんすい》の命令の結果ということになっています。尤《もっと》も草案は勧告という形で日本に提示された訳ですが、あの勧告に従わなければ天皇の身体を保証できないという恫喝《どうかつ》があったのですから事実上命令に外《ほか》ならなかったと思いますが。

答　そのことは此処《ここ》だけの話にして置いて貰《もら》わねばならないが、実はあの年（昭和二十年）の暮から正月にかけ僕は風邪をひいて寝込んだ。僕が決心をしたのはその時である。それに僕には天皇制を維持するという重大な使命があった。元来《がんらい》、第九条のようなことを日本側から言いだすようなことは出来るものではない。まして天皇の問題に至っては尚更《なおさら》である。この二つは密接にからみ合っていた。実に重大な段階にあった。

幸いマッカーサーは天皇制を存続する気持を持っていた。本国からもその線の命令があり、アメリカの肚《はら》は決っていた。ところがアメリカにとって厄《やっ》介《かい》な問題が起った。それは濠洲《ごうしゅう》やニュージーランドなどが、天皇の問題に関してはソ連に同調する気配を示したことである。これらの国々は日本を極度に恐れていた。日本が再軍備をしたら大変である。戦争中の日本軍の行動は余《あま》りに彼らの心胆を寒からしめたから無理もないことであった。殊《こと》に彼らに与えていた印象は、天皇と戦争の不可分とも言うべき関係であった。日本人は天皇のためなら平気で死んで行く。恐るべきは「皇軍」である。という訳で、これらの国々のソ連への同調によって、対日理事会の票決ではアメリカは孤立化する恐れがあった。

この情勢の中で、天皇の人間化と戦争放棄を同時に提案することを僕は考えた訳である。

濠洲《ごうしゅう》その他の国々は日本の再軍備を恐れるのであって、天皇制そのものを問題にしている訳ではない。故《ゆえ》に戦争が放棄された上で、単に名目的に天皇が存続するだけなら、戦争の権化《ごんげ》としての天皇は消滅するから、彼らの対象とする天皇制は廃止されたと同然である。もともとアメリカ側である濠洲《ごうしゅう》その他の諸国は、この案ならばアメリカと歩調を揃え、逆にソ連を孤立させることが出来る。

この構想は天皇制を存続すると共に第九条を実現する言わば一石二鳥の名案である。尤《もっと》も天皇制存続と言ってもシムボルということになった訳だが、僕はもともと天皇はそうあるべきものと思っていた。元来《がんらい》天皇は権力の座になかったのであり、又なかったからこそ続いてきたのだ。もし天皇が権力を持ったら、何かの失政があった場合、当然責任問題が起って倒れる。世襲制度である以上、常に偉人ばかりとは限らない。日の丸は日本の象徴であるが、天皇は日の丸の旗を護持する神主《かんぬし》のようなものであって、むしろそれが天皇本来の昔に還《かえ》ったものであり、その方が天皇のためにも日本のためにもよいと僕は思う。

この考えは僕だけではなかったが、国体に触れることだから、仮りにも日本側からこんなことを口にすることは出来なかった。憲法は押しつけられたという形をとった訳であるが、当時の実情としてそういう形でなかったら実際に出来ることではなかった。

そこで僕はマッカーサーに進言し、命令として出して貰《もら》うよう決心したのだが、これは実に重大なことであって、一歩誤れば首相自らが国体と祖国の命運を売り渡す国賊行為の汚名を覚悟しなければならぬ。松本君（松本烝治《じょうじ》。幣原《しではら》内閣当時の憲法改正担当国務大臣）にさえも打明けることの出来ないことである。したがって誰にも気づかれないようにマッカーサーに会わねばならぬ。

幸い僕の風邪は肺炎ということで元帥《げんすい》からペニシリンというアメリカの新薬を貰《もら》いそれによって全快した。そのお礼ということで僕が元帥《げんすい》を訪問したのである。それは昭和二一年の一月二四日である。その日、僕は元帥《げんすい》と二人切りで長い時間話し込んだ。すべてはそこで決まった訳だ。

問　元帥《げんすい》は簡単に承知されたのですか。

答　マッカーサーは非常に困った立場にいたが、僕の案は元帥《げんすい》の立場を打開するものだから、渡りに舟というか、話はうまく行った訳だ。しかし第九条の永久的な規定ということには彼も驚ろいていたようであった。僕としても軍人である彼が直《す》ぐには賛成しまいと思ったので、その意味のことを初めに言ったが、賢明な元帥《げんすい》は最後には非常に理解して感激した面持で僕に握手した程であった。

元帥《げんすい》が躊躇《ちゅうちょ》した大きな理由は、アメリカの戦略に対する将来の考慮と、共産主義者に対する影響の二点であった。それについて僕は言った。

日米親善は必ずしも軍事一体化ではない。日本がアメリカの尖兵《せんぺい》となることが果してアメリカのためであろうか。原子爆弾はやがて他国にも波及するだろう。次の戦争は想像に絶する。世界は亡《ほろ》びるかも知れない。世界が亡《ほろ》びればアメリカも亡《ほろ》びる。問題は今やアメリカでもロシアでも日本でもない。問題は世界である。いかにして世界の運命を切り拓くかである。日本がアメリカと全《まった》く同じものになったら誰が世界の運命を切り拓くか。

好むと好まざるにかかわらず、世界は一つの世界に向って進む外《ほか》はない。来《きた》るべき戦争の終着駅は破滅的悲劇でしかないからである。その悲劇を救う唯一の手段は軍縮であるが、ほとんど不可能とも言うべき軍縮を可能にする突破口は自発的戦争放棄国の出現を期待する以外ないであろう。同時にそのような戦争放棄国の出現も亦《また》ほとんど空想に近いが、幸か不幸か、日本は今その役割を果し得る位置にある。歴史の偶然はたまたま日本に世界史的任務を受け持つ機会を与えたのである。貴下さえ賛成するなら、現段階に於《お》ける日本の戦争放棄は、対外的にも対内的にも承認される可能性がある。歴史のこの偶然を今こそ利用する秋《とき》である。そして日本をして自主的に行動させることが世界を救い、したがってアメリカをも救う唯《ただ》一つの道ではないか。

また日本の戦争放棄が共産主義者に有利な口実を与えるという危険は実際あり得る。しかしより大きな危険から遠ざかる方が大切であろう。世界はこ当分資本主義と共産主義の宿敵の対決を続けるだろうが、イデオロギーは絶対的に不動のものではない。それを不動のものと考えることが世界を混乱させるのである。未来を約束するものは、絶えず新しい思想に向って創造発展して行く道だけである。共産主義者は今のところはまだマルクスとレーニンの主義を絶対的真理であるかの如《ごと》く考えているが、そのような論理や予言はやがて歴史の彼方《かなた》に埋没して終《しま》うだろう。現にアメリカの資本主義が共産主義者の理論的攻撃にもかかわらずいささかの動揺も示さないのは、資本主義がそうした理論に先行して自《みず》からを創造発展せしめたからである。それと同様に共産主義のイデオロギーも何《いず》れ全《まった》く変貌して終《しま》うだろう。何《いず》れにせよ、ほんとうの敵はロシアでも共産主義でもない。このことはやがてロシア人も気づくだろう。彼らの敵もアメリカではなく資本主義でもないのである。世界の共通の敵は戦争それ自体である。

問　天皇陛下は憲法についてどう考えておられるのですか。

答　僕は天皇陛下は実に偉い人だと今もしみじみと思っている。マッカーサーの草案を持って天皇の御意見を伺いに行った時、実は陛下に反対されたらどうしようかと内心不安でならなかった。僕は元帥《げんすい》と会うときは何時《いつ》も二人切りだったが、陛下のときには吉田君（吉田茂。幣原《しではら》内閣当時は外務大臣、憲法公布・施行時は内閣総理大臣）にも立ち会って貰《もら》った。しかし心配は無用だった。陛下は言下に、徹底した改革案を作れ、その結果天皇がどうなってもかまわぬ、と言われた。この英断で閣議も納った。終戦の御前会議のときも陛下の御裁断で日本は救われたと言えるが、憲法も陛下の一言が決したと言ってよいだろう。若《も》しあのとき天皇が権力に固執されたらどうなっていたか。恐《おそ》らく今日《こんにち》天皇はなかったであろう。日本人の常識として天皇が戦争犯罪人になるというようなことは考えられないであろうが、実際はそんな甘いものではなかった。当初の戦犯リストには冒頭に天皇の名があったのである。それを外《はず》してくれたのは元帥《げんすい》であった。だが元帥《げんすい》の草案に天皇が反対されたなら、情勢は一変していたに違いない。天皇は己れを捨てて国民を救おうとされたのであったが、それに依《よっ》て天皇制をも救われたのである。天皇は誠に英明であった。

正直に言って憲法は天皇と元帥《げんすい》の聡明と勇断によって出来たと言ってよい。たとえ象徴とは言え、天皇と元帥《げんすい》が一致しなかったら天皇制は存続しなかったろう。危機一髪であったと言えるが、結果に於《おい》て僕は満足し喜んでいる。

なお念のためだが、君も知っている通り、去年金森君（金森徳次郎。吉田内閣当時の憲法問題専任国務大臣）からきかれた時も僕が断ったように、このいきさつは僕の胸の中だけに留めておかねばならないことだから、その積《つも》りでいてくれ給《たま》え。

付録5 幣原先生から聴取した
戦争放棄条項等の生まれた事情について

第二部

私が幣原《しではら》先生にお会いして憲法について伺ったお話の内容は、前記のように、メモにとどめておいたのであるが、当日のお話の中には、先生が、なぜ非武装平和主義といった、誰しも思い及ばないような考えに到達されるにいたったかということについての、先生の世界観というようなものも、多分に出ていたのである。以下は、このような先生のお考えがよくわかるよう、先生の世界観で記憶に残るものをも加えて、当日伺った戦争放棄条項の生まれた事情を一文にまとめたものである。

私の一生は平和のために捧《ささ》げてきたようなもので、そのため長い間随分《ずいぶん》苦労もしたが、又そのために図《はか》らずも憲法改正という大事業を引き受けることになった。何か天命をさずかったような気がして、二度と戦争が起らない保証を新憲法で確立したいと決心をしていた。

改正案が沢山《たくさん》出たので全部目を通してみた。満足できるものは一つもなかった。自由党は天皇制護持に熱心なだけであり、進歩党は宣戦及び講和の大権は議会の協賛を要することにしていたが、それは統帥権をやめるというに過ぎない。社会党の案も似たりよったりである。共産党に至っては、「日本人民共和国は侵略戦争を支持せず、また参加しない」という文句を掲げていたが、自ら侵略戦争と称する戦争が行なわれた験《ため》しはないから、これなどはナンセンスであり、結局戦争をなくしようとするものは何処《どこ》にもなかった。

一体、戦争と平和とは何か、ということを色々考えてみた。

人間は平和を願う。それは今始まったことでなく、昔からそうである。しかし人間の歴史は戦争の歴史であった。平和な時代もあったが、その時には戦争の準備が行なわれていたから、平和時代は戦争準備時代である。つまり真の平和というものはあったことがない。人間は平和を願いながら、実際は血なまぐさい歴史を綴《つづ》ってきたのである。ちょうど天使と悪魔のように矛盾《むじゅん》した戦争と平和を人間は同時に求め、その何《いず》れとも離れては生きることが出来なかった。紛《まぎ》れもない事実である。

そこで戦争をなくするには先《ま》ず原因を調べ、その原因をなくするほかはない。古来からの学説をみると、クラウゼウイツ（カール・フォン・クラウゼヴィッツ。ナポレオン戦争時のプロイセン軍将校、『戦争論』著者）は戦争の原因は政治であるといっている。たしかに戦争は政治の延長であろう。では政治とは何かということになるが、クラウゼウイツの影響を受けた多くの学者は政治の分析を色々やった。その中から新しい近世の思想が沢山《たくさん》出ている。マルクスは階級闘争が資本主義の世界では帝国主義になり、それが戦争に発展するのだということを言った。この説は政治は経済だということで、これが社会主義の原理になったが、要するに戦争の原因は資本主義だという考えである。

ところがこうした学説で戦争の問題が片づくとはおもえない。資本主義なら戦争になるし、社会主義なら平和になると言ったところで、現に今度の戦争は資本主義と社会主義の同盟軍でやったのであり、仮りにまたこの説を正しいとするなら、やがて資本主義と社会主義の最後の決戦は避けられないことになる。ダーウィンは生存競争は生物界の普遍的現象であり、それが生物進化の生物学的法則であると言った。これが喰うか喰われるかありのままの宇宙の実態であり、また今日普遍的に承認される定説である。

戦争と平和の問題は先《ま》ずこの生物学から出発するのが順序だと私は思った。社会科学の前に自然科学があるが、自然科学を解決しないで、どうして平和を論ずることができようか。クラウゼウイツやマルクスのように、政治的原因や経済的原因と取り組んだだけでは、平和の問題は解決できない。たとえそうした政治や経済の諸問題が理想的になったとしても、ダーウィンの進化論は依然として残るからである。この核心に触れない限り人類永遠の平和は保証されない筈《はず》である。

人間は産れ落ちた瞬間から兄弟同志の戦争を始める。同時に人間は外敵と競争するため兄弟同志が相互扶助しなければならぬ。成長するにつれて人間は他人との競争も始めるが、同時にまた更《さら》に大きな外敵と競争するため、それまで競争相手であった他人との相互扶助をもするのである。この生存競争と相互扶助の関係は次第に規模を拡大して行くが、人間はその過程を通じて進化する。

これが進化の法則であろうが、そうすると戦争と平和とはこの生存競争と相互扶助のことではないかと思われる。人間が戦争と平和を同時に求めたということは、人間は一方に於《お》いて生存競争をしながら、同時に一方に於《お》いて相互扶助をしながら進化するからであり、この生存競争とはほかならぬ戦争のことであり、相互扶助とはほかならぬ平和のことではないか。もしそうだとすれば戦争と平和は人間の生存と進化のために必要な二つの条件であって、言わば光と影のように切り離すことのできない両方とも人間の本質だということになる。つまり両方とも人間の正常な状態であることになるから、結局戦争と平和は人間進化という目的に於《お》いては同一のものだと言わねばならなくなる。

進化論を認めるならば、人間のこの宿命を認めなければならない。では悲しむべきこの宿命は、永遠の彼方《かなた》から永遠の彼方《かなた》へ連続して行く動かし難い歴史の宿命というものなのであろうか。もしそうだとし、歴史の宿命を変えることが出来ないとするなら、平和への努力は不可能に向ってぶつかっていることになる。どんな美しい平和憲法を作ってみたところで所詮空《しょせんむな》しい夢である。ただ人間の片一方のあこがれを表わすだけのことである。それなら今までのどの憲法でも同じだ。戦争の固まりみたいに思われた大日本帝国憲法でも、平和を基調とすることに変りはなかったのである。

昔ヘラクレイトスは「戦争は万物の王である」と言ったし、近くはムッソリーニが「人類は戦争を通じてのみ偉大な存在となる。永久平和などという不合理な童話は、世界に存在したこともなく将来も存在しないだろう」と言ったが、たしかに戦争は永遠に古く且《か》つ新しい問題であり、真の平和とはムッソリーニの言ったものかに見えるのである。

私はすっかり絶望に陥《おちい》った。これはどうにもならぬことである。あきらめる外《ほか》はないのか、私は一時そう思った。

しかし――私はもう一歩突き込んで考えてみた。――もしも進化論を永遠の法則と認め、人間もその適用を受けるとしたら、人間は一体どうなるか。つまり限りなく進化が発展し尽したその果てはどうなるか――ということである。

生物進化の歴史は生物の興亡史である。人類発生前、或《あ》る時代、地球は恐竜が支配していた。恐竜はほしいままに他の動物を喰い散らしつつ横行濶歩《かっぽ》した。やがて恐竜は亡《ほろ》んだ。余《あま》りに肉体が強大になり過ぎたからである。或《あ》る種の鹿は角《つの》を発達させることを競争の信条とした。角《つの》はつぎつぎと伸びて行った。やがて鹿は発達しつくした角《つの》のために自らの行動を失うに至った。キリンは高い樹の上の葉を食べるためするすると首が伸び、その点では彼は目的を達したが、今ではそのことが彼の運命を危くしている。馬は犬と同じ位《くらい》だったが、走るうちに爪は固まって蹄《ひづめ》となり体も大きくなった。今日《こんにち》馬は人間の保護によって露命をつないでいるが、人間がその必要を感じなくなれば馬の存在理由は稀薄になって行くだろう。スカンジナビア半島にいるレミングスという鼠《ねずみ》は、繁殖が頂点に達すると一列になって大移動を起す。そして野を越え丘を越え遂には海に飛び込んで溺死《できし》して終《しま》うという。動物の死の行進という現象である。

　この現象が人間にも起る、としたら——と私は考えた。ダーウィンは進化論を人間に当てはめることを最初は躊躇《ちゅうちょ》したそうである。しかし人間も例外ではあるまい。進化の極致が滅亡なら、人間もやがては亡《ほろ》びる理屈である。何時《いつ》その日が来るかが問題である。

　人間は遠い昔、地球の覇者になったが、その後は専《もっぱ》ら人間同志の闘争に明け暮れてきた。そして人間同志の限りない戦争の繰り返しの中で、人間の武器もまた限りなく発達して行った。遂に人間は原子爆弾に到達した。最初にその洗礼を受けたのがわが日本である。

　原子兵器を軍事科学は究極兵器と名づけている。いみじくも名づけられた「究極兵器」とは進化の極致を意味するものではあるまいか。しかもこの兵器は今後更《さら》に発達するであろう。来《きた》るべき第三次大戦には、この道具が主役として活躍するだろう。

　そうなると人間も自分が作り出した機械で自分を亡《ほろ》ぼそうとしているのだか

ら、まさに人間にも死の行進の秋《とき》が来たことになる。

これは大変なことである。私はびっくりした。しかしそんな馬鹿なことはない。そんなことがあってはならない、と私は思った。進化論は科学である。人間が作り出した一つの科学である。人間が自分で作り出したものを人間が支配できないはずはないではないか。いったい科学とは何か。そこで科学について考えてみた。

ルネサンス以来科学は長足の進歩を遂げた。余《あま》りに目ざましい進歩の結果、科学はいささか思い上ったのではないか。増長した科学は己の力を過信し、自力で何事も解決できるような錯覚に陥《おちい》ったのである。だが科学は本来倫理とは無関係なものである。どんな偉い技師でも宇宙を彼の運転する工場とすることは出来ない。このことはやがて科学者自身が気づくだろう。原子兵器を前にした科学者は、今に声を枯らしてその使用禁止を叫ぶに違いない。だがそれはほかならぬ科学者自身が作り出したものである。科学者は自分で作り出したものをどうすることも出来ないのである。科学者のできることは警告だけなのである。つまり科学とはそういうもので、もともと人間を指導することは出来ないものだ。科学とは自然の中にある事実を列挙して見せるだけのものなのである。進化論もその一つであって、ダーウィンは生物の自然を丹念に並べ、そこにある法則について人間の批判を求めているのである。人間がその批判をどのように下すかは凡《すべ》て人間自身の問題である。それが哲学というものであろう。すなわち人間の運命を切り拓き、最後に人間を救いだすものは哲学である。

私は哲学によって人間が進化論という科学から抜け出せると思った。哲学はきっと科学を征服するだろう。動物はたしかに進化の極点で亡《ほろ》びて行った。鹿は自らの角《つの》で自らを見失い、レミングスは海に突中した。だが人間は違う。例えばアメリカの大都市は自動車の洪水で機能を停止しかけているそうだ。文明の極致もまた文明の滅亡である。もし動物だったら鹿の角《つの》のように都市は立往生を遂げるわけだ。しかし人間はそのとき都市の構造を根本的に修正しようとする。そして新しい自己の進路を発見する。それと同じように人間は戦争進化の絶頂に立つ秋《とき》、そこで回転することに成功するだろう。ちょうど都市の構造を修正するように、人間社会の容器である世界そのものの修正を思い立つことが出きるからであるが、これがすなわち哲学が科学を人間的に活かすことであって、科学に優先する哲学の人間的真価の意味であろう。

しかし――その可能性は絶対と言えるだろうか。つまり人間が歴史を作るということが出来ることだろうか――私はまた新しい疑問を前にした。

私には自信がなかった。何故《なぜ》なら人間の意志というものは決して実現できないものだからである。もし出来るのなら、今度の戦争でも防げたはずである。しかしほとんど不可能なことであった。私がいかに戦争に反対し、平和を叫んでみても、怒濤《どとう》のような戦争の激流を阻止することは出来なかった。英米と戦うことが無理だということは心ある者には分っていた。しかし日本には必勝という信念というものがあった。一度も負けたことがないからである。したがって一度は負けてみなければ、日本人には結局わからなかったのではないかという気がする。利口そうで馬鹿なものが人間である。つまり今度の戦争というものは、誰が何と言ってみても、どうしても避けることの出来なかったものだという風に思われるのである。

このことは歴史の流れというものは、人間の意志とは無関係に流れて行くものではないかということである。

考えてみると、人の一生というものははかないまぼろしであり、人間の運命などは大河に浮ぶ泡沫《ほうまつ》ほどの哀れなものである。余《あま》りにも無力な人間である。その無力な人間の集団を通じて一つの歴史が流れて行く。歴史は人間の喜びや悲しみやもろもろの人間の意志や感情を乗り越えて流れて行く。何者か人間を超越した巨《おお》きな力が歴史を貫いて行く。そういう風に思われる。そうなると歴史というものは、いったい何者かということになる。

私はそこでまた歴史について考えることになったが、考えれば考えるほど歴史の正体ほど分らないものはなかった。

唯物史観というものがある。それによると歴史は物質だと言っている。歴史は物質の反映であり、物質の変化につれて歴史は変化するという。では物質とは何かというと、物質とは人間の精神に優先して精神の外部に独立に存在するものであり、つまり精神がなくとも存在する外的実在であって、それがどのようなものかは科学が説明するという。唯物論である。物質すなわち自然が主体であるから、人間の認識というものは常に不十分不正確なもので、同じ対象物である自然の中から科学の発達に伴って絶えず新しいものを認識する。要するに世界にはまだ認識されないものと、既に認識されたものがあり、前者から後者へと間断なく変えられて行くというのである。

この解釈は一見すると、なるほどと思われる。たしかに人間の認識と外界の関係はこのような方向を辿る。だがこの論理を永遠の法則と断定できるかどうかとなると大きな疑問がある。何故《なぜ》なら、若《も》しそうだとすると、人間の認識は事物の外観だけに限られることになるから、人間は究極的には真理の認識に到達できないという矛盾《むじゅん》が起る。この疑問に対して唯物論者は弁証法を持ち出して答えている。例えばエンゲルスは「人間の認識は常に相対的誤謬《ごびゅう》に於《お》いてのみ実現されるが、真理性を主張する無条件的権利を持っており、それは限りない人間世代の連続の中だけで解決される矛盾《むじゅん》である」と言った。レーニンはこの言葉を取り上げて、「そこには相対的真理と絶対的真理の弁証法的関係が見事に描きだされている」と感心している。

ところが今日になると、その「限りない人間世代の連続」というものがあるかないかが疑わしいのである。やがて第三次大戦が起り、究極兵器が発射されたらどうなるか。恐《おそ》らく地球は廃墟と化し、人間は消滅するだろう。人間が消滅すれば人間の精神も消滅する。しかし唯物論では「精神はなくとも物質は存在する」から、その場合でも地球は存在しつづけるであろう。唯物論者はそのとき人影の消えた砂漠に立って、「かつて此処《ここ》に人間という愚《おろ》かな生物ありき」と立札でも建てるのであろうか、と言ってみたくなる。

もっとも、唯物史観も人間の自由を極力認めようとはしている。レーニンは「自由とは自然の法則を特定の目的のために計画的に作用させる可能性の内にあるのだ。それは自然の必然性の認識に基いて外的自然を支配することである。つまり自由とは必然性の洞察である」という風に説明している。レーニンの言わんとするところは、例えれば流れを下る舟の船頭のようなものだろう。舟が下流の或《あ》る地点に流れ着くのは必然である。そのことは絶対に動かせない。途中で方向を変えたり、まして逆行するようなことはできない。そこで先《ま》ず与えられた到達地点を洞察する。そして出来るだけ早くその地点に舟をつけるように努力する。その舟のつけ方如何《いかん》は棹《さお》の繰り方で左右される。そこだけに自由の余地がある。つまりレーニンの言う自由はそれだけの自由であるが、そのような自由は本質的には外的自然に支配されている自由であるから、歴史を動かし得る人間本来の自由とは呼べないものであろうと私は思う。

要するに唯物史観というものは、物質を客観的実在と呼び、客観的実在としての物質を認める、という前提から出発したものである。だがその「認める」とは誰が認めるかと言えば、それは人間であり、人間の精神によって認めるのである。ところがその精神は、唯物論によれば、物質の反映に過ぎない「不十分不正確な」言わばしがない影である。そのしがない影である客体がどうして主体を絶対の真理と認めることができるのかということになる。客体は元来《がんらい》そのようなだいそれた資格も権利も持ってはいないのである。したがって若《も》し持っている者があれば、それは別に存在すべき確固たる何かでなければならない筈《はず》である。では確固たる何かとは何かということになるが、それは当然第三者である。すなわち唯物論者は人間の精神から抜け出して第三者となり、全然別個の位置から主体と客体を見くらべ、その上で物質を客観的実在と宣告することになる。またそうしたのである。この場合唯物論者は人間ではなくなっている。人間でない第三者とは何か。それは神である。唯物論者は神を否定するが、彼自身は神にならなければ出来ないような芸当をしたことになる。つまり唯物弁証法というものは物質を神と見立て、その仮説の上に組み建てられたものであり、そして物質という神に向って旅を続ける永遠の旅人に過ぎない。このような根拠のない哲学によって歴史の証明はできないと私は思った。

唯物論に対立するものに観念論があるが、観念論はこれは頭から問題にならないものに思われる。何故《なぜ》なら、人間の精神、つまり感覚や観念と客体が不可分だとしたら、精神の及ばない世界にも何ものも存在しないことになるからである。南極大陸は人間の精神とは無関係に存在しているに違いない。人間が発見し知覚した瞬間に突如として大陸が存在するに至る訳はないのである。

私は哲学史をひもといてみたが、それは物質と精神の何《いず》れを主体とするかという論争の歴史であった。しかし私には、物質と精神の甲乙を論じ合うようなことは無益な水掛論にしか感ぜられなかった。

私は思った。——恐《おそ》らく真の本性なるものは観念論がしたように外面という言葉で表わす単なる表皮ではあるまい。一方また唯物論がしたように内面にあるが故《ゆえ》に予感し規定はできても決して到達することができないような秘められた実在というものでもあるまい。そのような存在は初めから存在してはいないのだ。真の存在は外部でもなければ内部でもなく、きっと精神と物質の連鎖の中にのみ存在するのではなかろうか。

私は少し分ったような気がしたが、宇宙の存在が精神と物質の連鎖の中にあるなら、歴史が人間と離れて存在するはずはない。たしかに歴史に一定の方向があり、それは個々の人間の意志と別個に動いて行くが、人間のいないところで歴史が綴《つづ》られることがない以上、自然の歴史などというものはあり得ない。

そもそも歴史とは時間である。時間は本来無《む》である。過去はすでに無く、現在は無限分割の極限であって之《これ》も無《む》であり、未来は固《もと》より無《む》である。すなわち時間の系列は悉《ことごと》く無《む》であるが、その時間が一個の時計のように存在するというのは弁証法的に統一されるからである。唯物論が弁証法を取り込んだが、弁証法というものはヘーゲルが言ったように綜合《そうごう》的内面的なものであって、それは観念の中だけで実現するものである。仏教で言う悟《さと》りとはこのことで、ほんとうは唯物論とは結びつかないものである。同じ十年という時間を一日《いちじつ》とも一昔《ひとむかし》ともいう、つまり観念の統一である。時間とはこのように人間の観念によって組織される一つの構造である。故《ゆえ》に歴史もまた観念による人間的構造である。すなわち人間が或《あ》る意図をもって現在に立ち、過去を把握し、未来を展望するとき初めて得られる。これが歴史というものである。

私は漸《ようや》く一つの確信に達した。人間と遊離した歴史の必然などは存在しない。歴史は飽《あ》くまで人間のものであり、人間のみが人間の歴史を構成するのである。戦争の歴史も平和の歴史も人間によってどのようにも書き変えることが出来る。

人間は自分の歴史を描く権利を持っているのである。

歴史は今新しい段階に達しようとしている。人間は歴史の一つの峠《とうげ》に差しかかっているのである。究極兵器の登場によって人間は戦争進化の頂上に達したのだ。この分水嶺《ぶんすいれい》で人間が右に行くか、左に行くか、その道の選び方で人間の運命は決まる。もし人間が引つづき戦争への道を行くならば、人間の歴史は幕を閉じるだろう。反対に平和への道を行くならば、人間には新しい黄金の歴史が開かれるのである。

私は歴史の巨《おお》きな分水嶺《ぶんすいれい》に立っていることを感じた。新しい時代がやってきたのである。それは二〇世紀から二一世紀への階段を昇るというようなものではない。今までの歴史を人間の前史とするなら新史の開幕と言うべきものである。戦争に血塗られた過去の歴史は去ったのである。今、二〇世紀の人間はほんとうの意味での人間開花の前夜を生きている。

ほんとうの意味での人間開花とは、当然戦争のない世界である。ではどうして戦争をなくするか。考えてみれば至極簡単なことである。生存競争と戦争を区別すればよいのだ。

戦争とは集団的殺人のことである。個々の殺人は既に人間に於《お》いて罪悪である。ただ殺人が集団的に行なわれる場合にのみ、戦争と称して合法化しているに過ぎない。一度殺人が合法化されると、より多く殺す程賞《ほ》められて英雄になるという奇妙な矛盾《むじゅん》を呈《てい》する。これは生存競争と殺人を混同した人間の錯覚に起因するものである。生存競争と相互扶助は何処《どこ》までも車の両輪である。だが生存競争と戦争とは必ずしも同義語ではない。或《あ》る人は或《ある》いは言うかも知れない――殺人は競争の頂点であり、第一級の競争形式である。しかるに殺人を目的としないことになれば、第二級の競争形式ということになり、第一級の競争によって得られた進化の成果が失われて終《しま》いはしないか。つまり殺されるということが全《まった》くなくなったら、人間は退化して終《しま》うのではないか――と。それは全《まった》く逆である。既に言ったように進化が滅亡の段階に達したから此処《ここ》で大転換を図《はか》るのである。ただ古い時代の無知が、生存競争と殺人を分割することに気がつかなかっただけである。ムッソリーニが「人間は戦争を通じてのみ偉大な存在となる」と思ったように、人間は勘違いをしていたのである。大昔の愚《おろ》かな人間はスポーツにさえも殺人を持ち込んだ。スパルタカスがその良い例であろう。スパルタカスの競技は生死がかかっているから最も激烈な死闘を展開した。その意味では進化を促進する効果はあったであろう。宮本武蔵《むさし》の殺人技術はこの競争形式の中で生れた。だがこの場合勝負は一回に限定されるから、敗者即《そく》死者であって競争者の数は絶対的に減少し、全体としての進化は却《かえ》って断絶して行ったのである。聡明な近代の人間はこの教訓の中から防具を発明し、殺人と競技の分離を実現したのである。すなわち殺人を目的としない競争こそ、最も人間的な人間競争であり、真に人類を偉大な存在とする最高の競争形式となるのである。この新しい競争形式は平和的生存競争とでも呼ばれるべきものであろう。この形式が実際にどのような姿のものになるかは難しい問題である。私にはよく分らないが、科学と芸術を融合した全《まった》く新しい分野が生れるのではないかという気がする。例えば月の探検競争というようなことだ。そうした平和的生存競争の世界が創造された暁《あかつき》に、初めてほんとうの人間の花が咲く。これは何と素晴らしいことではないか。私は勇気が湧いてくるのを感じた。

　ではそこで具体的にどうして戦争をなくするか――ということに私は進んだ。戦争をなくするには先《ま》ず国家間の紛争を平和的方法で解決しなければならぬ。平和的方法とは武力に頼らないことだから、武力を持たないのが一番確実な保証である。だが世界が全《まった》く武力を持たないという真空状態を考えることはできない。老子《ろうし》の大道国家とか、カントやルソーなどが提唱した永久平和案の如《ごと》きは尚《なお》当分人類の夢を出ないであろう。

　人間と人間の争いは最後は腕づくで解決する外《ほか》ないのであって、そのためにどうしても武力が必要となる。しかしその武力は一個に統一されなければならないと私は考える。

　凡《およ》そ二個以上の武力が存在し、その間に紛争が生ずる場合、一応は平和的交渉が行なわれるが、交渉の背後に武力が控えている以上、結局は武力が行使されるか、少なくも武力が威嚇《いかく》手段として行使される。したがって勝利を得んがためには武力を強化しなければならなくなる。かくて二個以上の武力間には無限の軍拡競争が展開され、遂に武力衝突を引き起すのである。すなわち戦争をなくするには武力の統一が絶対の条件である。

武力の統一は交戦権の統一である。交戦権の統一は一つの世界政府である。勿論《もちろん》世界のすべての国家がその主権を捨てて一つの政府の傘下に集まるようなことはほとんど空想であろう。だが少なくも交戦権が一個に集中された状態、すなわち何らかの形での世界政府でなければ戦争なき世界は考えられない。つまり或《あ》る協定の下で軍縮が達成され、その協定を有効ならしむるために必要な国々が進んで且《か》つ誠意をもってそれに参加している状態、この条件の下で各国の軍備が国内治安を保つに必要な警察力の程度にまで縮小され、国際的に管理された武力が存在し、それに反対して結束するかも知れない如何《いか》なる武力の組み合わせよりも強力であること、という世界である。

そういう世界は歴史上存在した。ローマ帝国などもそうだが、何より記録的な世界政府を作ったのは日本である。徳川家康が開いた三百年の単一政府がそれである。徳川幕府は徹底した鎖国政策を採ったから、当時唐天竺《からてんじく》というものに、徳川幕府は正《まさ》に事実上日本即《そく》世界であったが故《ゆえ》に、その名に値するものであった。この例は平和を維持する唯一の手段が交戦権の統一であることをよく示している。ただ家康の世界政府は三百年しか持たなかったが、その理由は将軍の永久支配というイデオロギーを凍結しようとし、そのためには、学問の禁止による愚民政策を強行せざるを得なかったからである。人間は春の草が萌え出るように常に自由を求めてやまないものであり、いかなる権力も人間のこの本質を圧殺することはできない。徳川三百年の凍結政策の失敗は、やがて来《きた》るべきほんとうの世界政府のための教訓として記憶さるべきものであろう。

要するに世界平和は正しい世界政府への道以外には考えられないのである。そこでこれからの世界である。国際連盟は空中分解したが、やがて新しい何らかの国際的機関が生れるであろう。その機関が一種の世界同盟とでも言うべきものに発展し、その同盟が国際的に管理された武力を所有して世界警察としての行為を行なう状態、さしずめこれが戦争なき世界を可能にする唯一の姿と考えられる。

世界の動向を眺めるにもともと水と油の連合軍は間もなく解体し、世界はふたたび新らたな戦争を迎えることになるだろう。この場合新らしい特徴は同一経済体制を持つ同種国家群の集団的安全保障体制の形をとることである。近世の政治史は資本主義に対する社会主義の挑戦の歴史であった。その間資本主義と社会主義の同盟という現象もあったが、それは一時的戦略によるものであって、本質的には異ったこの二つの体制は宿敵の関係にあり、早晩雌雄を決せねばならない運命に置かれている。したがって世界は概《おお》ね二つのブロックに整理統合され、その間に最後の決戦という様相が起る。無論何《いず》れのブロックにも属し得ない中立的国家やその他種々複雑な動きもあるであろうが、基本的には次の世界は資本主義対社会主義という二つの世界の対立に集約されるものと思われるのである。

この二つの世界は絶えざる戦争の危険をはらみつつ長期に亘《わた》って対峙《たいじ》を続けることになるだろう。ただ両者の決戦は容易に行なわれないと思われる。異常に発達した武器が戦争そのものを抑制するからである。恐《おそ》らく第二次大戦が人類が全滅を避けて戦うことのできた最後のチャンスであったことを人々は理解するだろう。戦争とは勝利を前提としてのみ意味を持つ。しかるに第三次大戦は何《いず》れの陣営にとっても勝利の保証はない。資本主義も社会主義もそれ自身は目的でなく、一つの手段に過ぎぬ以上、いかなる理想主義も人類の生存には優先しないことを人々は知るからである。

かくて二つの世界は妥協する外《ほか》はない。そしてやがては世界同盟の中へそれぞれ溶け込むことになるだろう。

そこで問題は、どのような経過と時間を通じて人類が最後の目標に到達するかということである。有史以来最大の危機を通過する人類が、いかなる苦悶《くもん》を経験しなければならないか、その間どんな事態が発生するか、ほとんど予想し得ない程に困難であるが、唯《ただ》一つ断言できることは、問題の成否は一(偏《ひとえ》)に軍縮にかかっていると言うことだ。もしも有効な軍縮協定ができなければ、戦争は必然に起るだろう。何故《なぜ》なら軍拡競争というものは際限のない悪循環を繰り返すからだ。相手が一を持てば二を持たねばならぬ。相手が二を持てば更《さら》に相手は三を持たねばならなくなる。常に相手より少しでも優越した状態に己れを位置しない限り安心できない。この論理は果しなく拡がって行き何時《いつ》かは破綻が起る。すなわち協定なき世界は静かなる戦争という状態であり、それは嵐の前の静けさでしかなく、その静けさがどれだけ持ちこたえるかは結局時間の問題に過ぎないという恐るべき不安状態の連続となるのである。

では軍縮は可能か、どのようにして軍縮をするか、ということだが、私は軍縮の困難さを身をもって体験してきた。交渉に当る者に与えられる任務はいかにして相手を偽瞞（欺瞞《ぎまん》）するかにある。国家は極端なエゴイストであり、そのエゴイズムが最も狡猾《こうかつ》で悪らつな狐狸《こり》となることを交渉者に要求する。虚々実々千変万化《せんぺんばんか》、軍縮会議に展開される交渉の舞台裏を覗き見るならば、何人《なんぴと》も戦慄を禁じ得ないであろう。軍縮交渉とは形を変えた戦争である。平和の名をもってする別個の戦争なのである。円満な合意に達する可能性などは初めから存在しないものである。不信と猜疑《さいぎ》がなくならない限りそれは止《や》むを得ないことである。

静かなる戦争への継続が破滅への道であることは誰もが理解している。だからこそ軍縮の交渉をするのである。だが交渉が行なわれている合間にも二つの陣営は原子兵器の増強に狂奔《きょうほん》するだろう。むしろ軍縮交渉は合法的スパイ活動の場面として利用される程である。連鎖反応は連鎖反応を生み、原子兵器は世界中に拡散するまで止《とど》まるところを知らないであろう。多分究極兵器には防禦《ぼうぎょ》の手段があるまい。報復と報復の鉢合《はちあわ》せである。恐《おそ》らくその状況下では、国民に戦争の意志がなくとも、偶発的な事故によって戦争に突入することさえも起るだろう。遂に人類は身じろぎも出来ない断崖に追いつめられる。

そのような瀬戸際に追いつめられても各国はなお異口同音に言うだろう。静かなる戦争を一刻も早く止めなければならない。それは分っている。分ってはいるがどうしたらいいのだ。自衛のためには力が必要だ。相手がやることは俺もやらねばならぬ。相手が持つものは俺も持たねばならぬ。その結果がどうなるか。そんなことは分らない。俺だけではない。誰にも分らないことだ。とにかく俺は俺の言うべきことを言っているより仕方はないのだ。責任は俺にはない。責任は凡《すべ》て相手方にあるのだ。

果しない堂々巡りである。誰にも手のつけられないどうしようもないことである。集団自殺の先陣争いと知りつつも、一歩でも前へ出ずにはいられない鼠《ねずみ》の大群と似た光景——それが静かなる戦争の果ての姿であろう。

要するに軍縮は不可能である。絶望とはこのことであろう。唯《ただ》もし軍縮を可能にする方法があるとすれば一つだけ道がある。それは世界が一せいに一切の軍備を廃止することである。一、二、三の掛声もろとも凡《すべ》ての国が兵器を海に投ずるならば、軍縮は忽《たちま》ち完成するだろう。勿論《もちろん》不可能である。それが不可能なら不可能なのだ。

——ここまで考えを進めてきた時に、第九条というものが思い浮んだのである。そうだ。もし誰かが自発的に武器を捨てるとしたら——

最初それは脳裏をかすめたひらめきのようなものだった。次の瞬間直《す》ぐ私は思い直した。俺は何を考えようとしているのだ。相手はピストルを持っている。

その前に裸のからだをさらそうと言う。何という馬鹿げたことだ。恐しいことだ。俺はどうかしたのではないか。もしこんなことを人前で言ったら、幣原《しではら》は気が狂ったと言われるだろう。たしかに狂気の沙汰である。

しかし電流のように通り過ぎたひらめきは回転をやめなかった。いや、そうではないかも知れない。案外たいしたことかも知れない。これは考慮に値するぞ。

そのとき私の一生のさまざまな追憶が一つの映像となって私の頭の中を駈《か》け巡った。その映像の中から或《あ》る呼声《よびごえ》が聞えた——お前は何のために生きてきたのだ。お前は何のために戦争に反対したのだ。お前が命を賭けて平和を守ろうとしたのは何のためだったのだ。今だ。今だ。今こそ平和だ。今こそ平和のために戦う秋《とき》ではないか。そのために生きてきたのではないか。そしてお前は今平和の鍵を握っているのではないか。今こそしっかりする秋《とき》だぞ。

非武装宣言——それはたしかに狂気の沙汰である。だが狂気の沙汰でない正気の沙汰とは何であろう。武装宣言が正気の沙汰なのか。それこそ狂気の沙汰ではないか。考えに考え抜いた結果、その結論はもう出ている。

そうだ。世界は今一人の狂人を必要としている。何人かが自ら買って出て狂人とならない限り、世界は軍拡競争の蟻《あり》地獄から脱出できないのである。

これは素晴らしい狂人ではないか。世界史の扉を開く狂人である。その歴史的使命を日本が果すのである。

幾世紀もの間戦争に勝ち続け、最も戦斗《せんとう》的に戦いを追求してきた一つの民族がある。その民族は自《みずか》らを神の民族と信じ、武力をその神の信条としてきた。今その神は一挙に下界に墜落した。神の民族はその座を下りたのである。神が武力を喪失したからである。だがやはり彼らは神の民族であったのだ。彼らが神と信じた武力は実は神ではなかったのである。神でなかったばかりではない。悪魔だったのである。悪魔は今や正体をあらわした。その悪魔を投げ捨てることによって、彼らはふたたび神の民族となるのである。武力は力ではない。武力は弱者の武器に過ぎないのである。強者は武力を持たない。武力を持たないことによって強者となるのである。神の民族は依然として強者である。何人《なんびと》も神の民族を征服することは出来ないのである。悠々として神の民族は死中を往《ゆ》く。死中にこそ活があるのである。それが歴史の大道である。たくましい神の民族のうねりは、更《さら》に巨大な一本のうねりとなって歴史の大道を歩み続けるだろう。高らかに神の声を世界に宣言しながら――

この考えに達したので私はマッカーサーと会う決心ができたのである。幸い情勢は私にとって都合よく展開していた。というのはマッカーサーは本国から天皇制を維持するよう命令を受けていた。ソ連は勿論《もちろん》天皇に反対であるが、アメリカ方である濠洲《ごうしゅう》などがこの点だけはソ連に同調する空気にあったことである。元帥《げんすい》は非常に困っていた。そこで私は人間天皇と戦争放棄を一緒に進言したのである。渡りに舟であった。賢明なマッカーサーはそれを理解するとともに、このことが彼の名に於《お》いてのみ可能になることを知っていた。そして実際にそれを勇敢に実行したのである。私としては松本君らに打明けることのできなかったことは忍び難いものであったが、それは止《や》むを得ないことであった。

ただ私にもマッカーサーにも悩みがあった。悩みというのは日本の戦争放棄がアメリカの戦略に与える悪影響である。日本としてはアメリカに占領されたという単なる理由からだけでなく、アメリカと政治経済体制を同一にする立場に於《お》いて、将来アメリカと密接な関係を保持しなければならぬ。またアメリカも日本が行動を共にすることを期待している。しかるに日本が非武装となることは、アメリカの期待を裏切ることであり、アメリカを失望させることである。アメリカの失望は反射的にロシアを喜ばせることである。それは不本意なことだが、結果としてそうなる。実はマッカーサーが同意するまでにはその点で可成《かな》りの躊躇《ちゅうちょ》があったのである。

しかし——私は元帥《げんすい》に言った。

日米親善は必ずしも軍事一体化ではない。日本がアメリカの尖兵《せんぺい》となることが、果してアメリカのためであろうか。世界が亡《ほろ》びればアメリカも亡《ほろ》びるのである。問題は今やアメリカでもロシアでも日本でもない。問題は世界である。いかにして世界の運命を切り拓くかである。日本がアメリカと全《まった》く同じものになったら、誰が世界の運命を切り拓くか。

好むと好まざるにかかわらず、世界は一つの世界に向って進む外《ほか》はない。静かなる戦争の終着駅は破滅的悲劇でしかないからである。その悲劇を救う唯一の手段は軍縮であるが、ほとんど不可能というべき軍縮を可能にする突破口は自発的戦争放棄国の出現を期待する以外ないであろう。同時にそのような戦争放棄国の出現も亦《また》ほとんど空想に近いが、幸か不幸か、日本は今その役割を果し得る位置にある。歴史の偶然はたまたま日本に世界史的任務を受け持つ機会を与えたのである。アメリカさえ賛成するならば、現段階に於《お》ける日本の戦争放棄は、対外的にも対内的にも承認される可能性がある。歴史のこの偶然を今こそ利用する秋《とき》である。そして日本をして自主的に行動させることが世界を救い、したがってアメリカをも救う唯《ただ》一つの道ではないか。

日本の戦争放棄が社会主義者に有利な口実を与えるという危険は実際あり得る。しかしより大きな危険から遠ざかることの方が大切であろう。世界はここ当分資本主義と社会主義の敵対的共存状態を続けることになるであろうが、イデオロギーは絶対的に不動なものではない。それを不動なものと考えることが世界を混乱させるのである。前に話した徳川世界政府の崩壊がその例であるように、絶えず新しい思想に向って創造発展して行く道だけが未来を約束するのである。現にアメリカの資本主義が社会主義の理論的攻撃にもかかわらず、いささかの動揺をも示さないのは、資本主義自体がそうした理論よりも先行して自《みず》らを変質させて終《しま》ったからである。社会主義者は今のところはまだマルクスとレーニンの主義を絶対的真理であるかの如《ごと》く考えているが、マルクスの予言と論理は現実の中で消滅し、やがて歴史の彼方《かなた》に埋没して行くものである。すなわち社会主義も、資本主義が変化したと同じように変貌して行くであろう。恐《おそ》らく二つのイデオロギーは徐々に接近し、何《いず》れは区別のつかないようなものになって終《しま》い、資本主義とか社会主義とかいう言葉自体が意味を失って終《しま》うような時代がやがて来るだろう。その秋《とき》世界平和は自《おのずか》ら完成する。

何《いず》れにせよ、ほんとうの敵はロシアでも共産主義でもない。敵は戦争それ自体である。このことはやがてロシア人も気づくだろう——彼らの敵もアメリカではなく資本主義でもないことを。

出典：国立国会図書館憲政資料室所蔵、文書名「憲法調査会資料（西沢哲四郎旧蔵）」、
文書番号165「幣原先生から聴取した戦争放棄条項等の生まれた事情について」

参考資料：『外交五十年』（幣原喜重郎著、中公文庫）
『日本国憲法をつくった男　宰相幣原喜重郎』（塩田潮著、文春文庫）
『日本国憲法を考える』（西修著、文春新書）
『昭和の三傑　憲法九条は「救国のトリック」だった』（堤堯著、集英社文庫）
『不毛な憲法論議』（東谷暁著、朝日新書）
『平和憲法の深層』（古関彰一著、ちくま新書）
『みんなの知識 ちょっと便利帳』
http://www.benricho.org/kenpou/shidehara-9jyou.html

※一部の漢字にルビを加筆。一部に説明文を加筆

鉄筆文庫創刊の辞

喉元過ぎれば熱さを忘れる……この国では、戦禍も災害も、そして多くの災厄も、時と共にその「熱さ」は忘れ去られてしまうかの様相です。しかし、第二次世界大戦での敗北がもたらした教訓や、先の東日本大震災と福島第一原発事故という現実が今なお放ちつづける「熱さ」を、おいそれと忘れるわけにはいきません。

先人たちが文庫創刊に際して記した言葉を読むと、戦前戦後の出版文化の有り様への反省が述べられていることに共感します。大切な「何か」を忘れないために、出版人としてなすべきことは何かと真剣に考え、導き出した決意がそこに表明されているからです。

「第二次世界大戦の敗北は、軍事力の敗北であった以上に、私たちの若い文化力の敗退であった。私たちの文化が戦争に対して如何に無力であり、単なるあだ花に過ぎなかったかを、私たちは身を以て体験し痛感した。」(角川文庫発刊に際して　角川源義)

これは一例ですが、先人たちのこうした現状認識を、いまこそ改めてわれわれは噛みしめねばならないのではないでしょうか。

現存する文庫レーベルのなかで最年長は「新潮文庫」で、創刊は一九一四年。それから一世紀が過ぎた現在では、80を超える出版社から200近い文庫レーベルが刊行されています。そんな状況下での「鉄筆文庫」の創刊は、小さな帆船で大海に漕ぎ出すようなもの。ですが、「鉄筆文庫」は、先人にも負けない気概をもってこの大事業に挑みます。

鉄筆の社是は、「魂に背く出版はしない」です。私にとって第二の故郷でもある福島の地で起きた原発事故という大災厄が、私を先人たちの魂に近づけたのは間違いありません。この社是は、たとえ肉体や心が消滅しても、残る魂に背くような出版は決してしないぞという覚悟から掲げました。ですから、「鉄筆文庫」の活動は、今100万部売れる本作りではなく、100年後も読まれる本の出版を目指します。前途洋洋とは言いがたい航海のスタートではありますが、読者の皆さんには、どうか末永くお付き合いくださいますよう、お願い申し上げます。

二〇一四年七月

渡辺浩章

鉄筆　単行本

四六判文芸書

霧の犬　a dog in the fog

辺見庸

1800円+税

「わたしのなかの霧を、三本肢の犬があるいていた。……それはもうはじまっていた。」美しくも寂しく怖い、この世の果ての風景――。鉄筆社創立記念特別書き下ろし小説=表題作216枚ほか、傑作短篇「カラスアゲハ」、「アプザイレン」、「まんげつ」所収。震災、紛争、過去・現在・未来のありとある災厄が濃霧のように漂う「黙示小説」集。装画／長谷川潔

四六判ソフト

人類のためだ。　ラグビーエッセー選集

藤島大

1600円+税

「明日の炎天下の練習が憂鬱な若者よ、君たちは、なぜラグビーをするのか。それは『戦争をしないため』だ。」(「体を張った平和論」より)。ナンバー、ラグビーマガジン、Web連載や新聞紙上等で長年執筆してきた著者の集大成。ラグビー精神、ラグビーの魅力と神髄に触れる一冊。あとがき―「そうだ。自由だ!」。カバーデザイン&イラストレーション／ Kotaro Ishibashi

鉄筆文庫　好評既刊

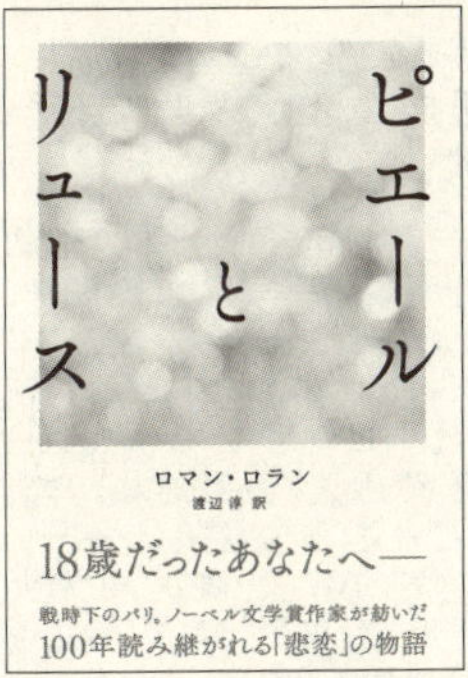

005
ピエールとリュース
ロマン・ロラン　訳／渡辺淳
600円+税

ノーベル文学賞作家が戦争への強い怒りを込めて描いた、100年読み継がれる「悲恋」の物語。パリに暮らす、汚れを知らぬ若い男女の清純な恋愛が、醜く恐ろしい戦争の現実と、あざやかなコントラストをもって描かれる。第一次大戦時に執筆、1920年発表。1958年刊行の角川文庫版を加筆・修正し復刻。解説／渡辺淳。

カバーデザイン&写真／Kotaro Ishibashi

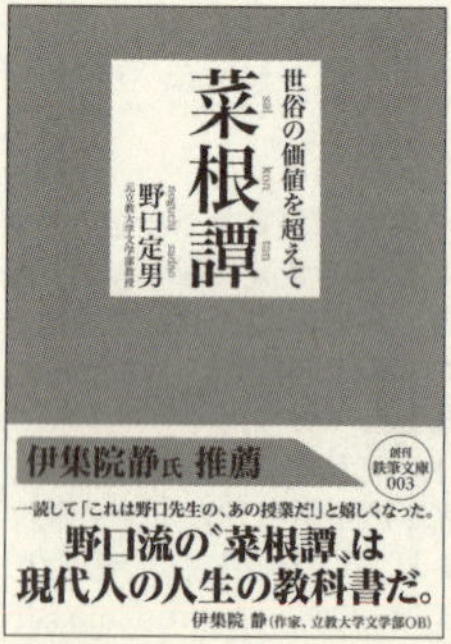

003

世俗の価値を超えて――菜根譚

野口定男（元立教大学文学部教授）

800円+税

「菜根譚」は約400年前に中国の洪自誠によって書かれた著作で、儒教、道教、仏教の思想を取り入れた、日本でも長年読み継がれる処世訓。本書はその神髄を現代の読者にも理解できるようにと独自の編集と解釈を加えて編みあげたオリジナル作品。推薦文：伊集院静（作家、立教大学文学部OB）、横山忠夫（立教大学野球部OB会幹事長）。解説：渡辺憲司（自由学園最高学部長）

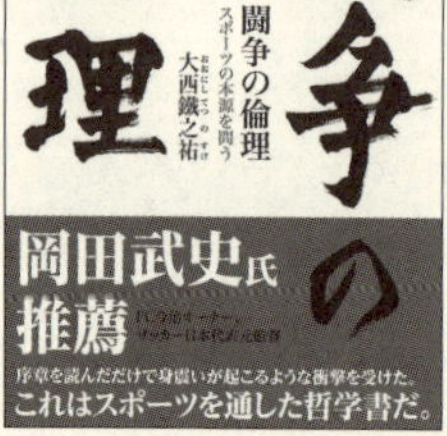

004

闘争の倫理　スポーツの本源を問う

大西鐵之祐

1500円+税

戦場から生還後、母校・早大のラグビー復興と教育に精力を注ぎ、日本代表監督としてオールブラックス・ジュニアを撃破、イングランド代表戦では3対6の大接戦を演じた戦後ラグビー界伝説の指導者。「戦争をしないために、ラグビーをするのだ!」と説く、思想・哲学の名著を鉄筆文庫化。監修／伴一憲、大竹正次、榮隆男。推薦／岡田武史。解説／藤島大。題字／川原世雲

鉄筆文庫　好評既刊

001

翼

白石一文

600円+税

田宮里江子は大学時代の親友の夫・長谷川岳志と10年ぶりに遭遇する。岳志は親友の恋人でありながら、初対面でいきなりプロポーズしてきた男だった……。直木賞作家のTwitter連載小説として新聞各紙で取り上げられ話題となった恋愛小説。Twitter連載当時、何度も読んで涙するという読者が続出した。10万部突破のベストセラー。解説／梅原潤一。装画／キリハリエ・Emi

002

反逆する風景

辺見庸

700円+税

「死んでも憲法第九条をまもりぬくこと。憲法第九条がすでにズタズタになっていても、再生させること。」（「遺書」より）。『もの食う人びと』と表裏をなす傑作。復刻に際し書き下ろし原稿等を追加収録。オリジナル収録作品=●「絶対風景」にむかうこと●極小宇宙から極大宇宙へ●「絶対感情」と「豹変」——暗がりの心性●花陰●遺書●鉄筆文庫版あとがき●解説「赤い背広、消えず」藤島大

日本国憲法
9条に込められた魂

鉄筆編

鉄筆文庫 006

日《に》本《ほん》国《こく》憲《けん》法《ぽう》

9条《じょう》に込《こ》められた魂《たましい》

編集　鉄筆《てっぴつ》

2016年 3月18日　初版第1刷発行
2024年 4月17日　　　第2刷発行

発行者　渡辺浩章
発行所　株式会社 鉄筆
〒112-0013　東京都文京区音羽1-15-15
電話　03-6912-0864
表紙画　井上よう子「希望の光」
印刷・製本　近代美術株式会社

落丁・乱丁本は、株式会社鉄筆にご送付ください。
送料は小社負担でお取り替えいたします。
定価はカバーに明記してあります。

ISBN 978-4-907580-07-0　　Printed in Japan